ルイ・ヴィトン
元CEOが教える

出世の極意

元 モエ・ヘネシー・ルイ・ヴィトン米国法人CEO＆
ダナ・キャラン・インターナショナル会長兼CEO
マーク・ウェバー
Mark Weber
須川綾子＝訳

Always In Fashion:
From Clerk to CEO
—Lessons for Success
in Business and in Life

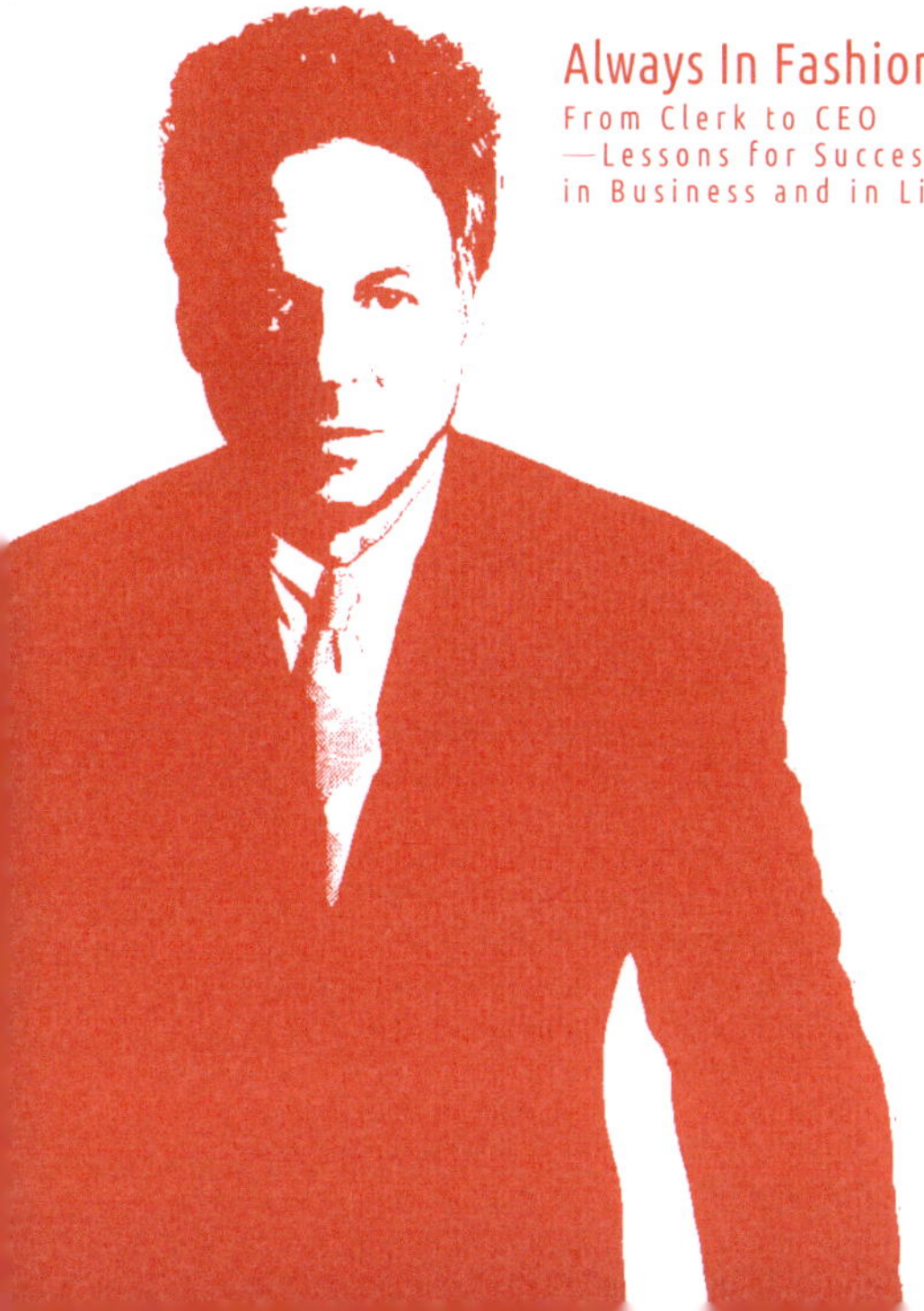

飛鳥新社

［序章］三つの質問

単刀直入に言おう。私はこれまでのところ、輝かしいキャリアを築いてきた。

カネも知識もコネもなく、雑用係から出発し、世界有数の紳士服メーカー、フィリップス・ヴァン・ヒューゼン（ＰＶＨ）のＣＥＯになった。

さらに、世界一の高級ブランドグループ、モエ・ヘネシー・ルイ・ヴィトン（ＬＶＭＨ）の米国法人ＣＥＯに就任した。ＬＶＭＨでの仕事は当初の三年契約が延びて、二〇一五年まで八年の長期にわたり重責を果たした。

きみはなぜ本書を手に取ったのだろう？　ファッション業界で成功する秘訣を知りたいのか？　それとも、組織人として有意義な人生を手に入れるため、私のアドバイスが欲しいのか？

ファッション業界の関係者やこの業界をめざす人にとって本書がためになるのは言う

までもない。だがむしろ私は、ほかの業界の人にこそ本書を読んでほしいと切に願っている。**私がこれまでのビジネス経験で学んだことは、業種や職種、地位を問わず、組織で生きるすべてのビジネスパーソンに当てはまる**ものだからだ。

私はなぜこの本を書こうと思ったのか？　それは駆け出し時代の私と同じような境遇にある人の役に立ちたいからだ。

私には人脈もなければ、助言者もいなかった。

どうすればキャリアをスタートできるのか、見当もつかなかった。

あるのはただ成功したいという思いだけだった。

これまでさまざまなタイプの学生と話をしてきたが、決まって**同じ質問**を受ける。

どうやって頂点《トップ》に立ったのですか？

どうしたら逆境を乗り越えて、成功できるのですか？

組織で出世するのに欠かせない条件はなんでしょう？

この**三つの質問**は、新社会人からも、企業の管理職クラスの人たちからも受ける。私が言うまでもないが、今の世の中は職がない人、仕事に満足していない人、希望どおりの昇進やキャリアを実現できずにいる人であふれている。最近の私はキャリアについてあまりにも多くの相談を受けるため、経営者ではなくキャリアコンサルタントになった気がするくらいだ。世の中には助けを必要としている人が、驚くほどたくさんいる。

本書をつうじて私はこの三つの質問に答えたい。**さまざまな困難を突破して組織で出世し、圧倒的な成功を手に入れる術《すべ》**を教えたいと思う。

大切なのは自分の仕事を愛し、自分が築いたキャリアを愛すること。
自分が日々心からやりがいを感じられる仕事を見つけること。
やりがいがなければ、仕事は単なる「苦役」だ。毎日みじめな気持ちですごすしかない。

きみはそんな一生を送りたいか？

誰もがうらやむ圧倒的な成功を手にしたいなら、短い人生を捧げるに値する**最高の仕事を見つけることだ**。そうすれば不満に悩むことも、仕事を退屈だと思うこともない。むろん一〇〇パーセント満足できる仕事などない。だが自分が情熱を感じる仕事なら、人間関係や駆け引きに邪魔されても、ものともせずに全力で挑める。限りある人生を、みじめな気持ちで浪費せずにすむのだ。

「でもウェバーさん、あなたは好きなことがすぐに見つかったから、そう言えるんでしょう？」

そんな声が聞こえてきそうだ。人生を捧げる価値のあることなど思い浮かばないという人もいるだろう。その気持ちは理解できる。

だが、自分と真剣に向き合ってみれば、すでに心の奥底に答えがあるはずだ。自分のほんとうの気持ちを気づかせてくれるのは、恩師や友人、恋人、家族かもしれない。**最初の仕事が天職でないとしても、いつかはきっと天職に出会える。**

私がファッション業界に落ち着いたのは偶然だ。大学を出た時点では、自分がなにをしたいのか、さっぱりわからなかった。ところが、最初の仕事に就いてみると、それが驚くほどしっくりきた。

私にそういう奇跡が起きたのだから、誰にでも同じことが起きる可能性があるはずだ。

本書では、私の四〇年近いキャリアにおける重要な局面について紹介していく。雑用係からLVMH米国法人のCEOに上りつめた私は、さまざまな限界を突破してきた。そんな私の経験には、誰もが自分の望むキャリアを手に入れるために役立つ教訓がある。だからこそ、本書では挫折や恥ずかしい失態も含め、私の経験を包み隠さず披露するつもりだ。

そう、私は挫折した。**私は前職のCEOを突然クビになる屈辱を味わった男だ。**三三年間ひたすらひとつの企業に身を捧げてきたのに、突如として職探しをする身になったのだ。

元CEOといえども歳をとってからの求職活動はかなりこたえた。だが私はあきらめず、LVMHに採用され、米国法人のCEO、そしてLVMHグループ傘下のダナ・キャラン・インターナショナル（DKI）のトップとしてそれまで以上にエキサイティングな仕事を手に入れることができた。

本書で紹介する求職活動の心得は、私が書くどんな紹介状よりも役に立つはずだ。

本書の後半では、ＤＫＩで第二のキャリアを歩み始めた私が直面したさまざまな限界について語るつもりだ。「ダナ・キャラン」のブランド力に経営が追いついていなかったため、財務を強化することが私に課せられた使命だった。そのためにはブランド戦略やマーケティング戦略の再構築、強力なリーダーシップとマネジメントが必要だった。そこで得た教訓もすべてお伝えする。

ファッション業界特有の事情もあるが、本書に書かれたことはひとつ残らず、成功を望む組織人、つまりほかならぬきみの参考になると確信している。

もくじ

パート1

ゼロから這い上がる

パート2

挫折を乗り越える

パート3

組織を動かす

パート4

自分を磨き続ける

PART 1

ゼロから這い上がる

1　差し出された手をはねのけてはいけない

私の両親は大学を出ていなかった。父は新聞の印刷工で母は帳簿係。住まいはニューヨーク市ブルックリンの低所得層向け団地だった。

物心ついてからというもの、私はいつか経済的に安定した人生を手に入れてやろうと考えていた。それにはなんとしても生まれた環境から抜け出さなければならなかった。

家族で大学に進んだのは私が最初だ。とにかく大学に行ってみたかった。家が貧乏だったので自宅から通うしかなく、ニューヨーク市立大学のブルックリン校に入学した。専攻は教育学と社会学。このふたつにしたのは、ラクに卒業できると思ったからだ。自慢できる話じゃない。

大学に進学すると、近所の「ボガート」という店で接客のアルバイトをはじめた。ボガートはブルックリンにいち早くできたショッピングモールにある店で、モールきっての高級店だった。ヨーロッパのデザイナーのほかに、アメリカの高級ブランドや「ポロ・ラルフローレン」など気鋭のデザイナーズブランドを取り扱う、いわゆるセレクトショップだ。

特別な訓練はいらないし、服にはもともと興味があったという程度の気持ちではじめたアルバイトだったが、性に合っていたのか、仕事は楽しかった。

とはいえあくまでもアルバイトだ。将来への第一歩とは考えていなかった。

だが、いざ大学を卒業しても、次にどうすべきか見当もつかなかった。友だちはこぞってヨーロッパへ卒業旅行に出かけたが、カネのない私はそのままボガートで働き続けた。

私には笑顔で接客してスーツを売ることしか能がなかった。しかし愛想がいいだけでは出世は望めないし、スーツを売って歩合を稼ぐだけでは成功できるわけがない。

成功を夢見ても、それを手に入れる術はなにひとつ知らなかった。指南役もいなければ、模範になる人物もいなかった。エリート大学を出たわけでもないし、ビジネス誌を賑わすような有名企業でインターンをしたこともない。両親はキャリアを築いた経験がないため（ふたりにとって、仕事はあくまでも食べるための手段だった）、私が一生ボガートで勤め上げると信じて疑わなかったようだ。両親の勤勉さは貴重な手本となったが、焦りはつのるばかりだった。

それでもこれだけはわかっていた――一旗揚げるなら、ブルックリンではなく、マンハッタンで働くしかないと。当時の私にとって、マンハッタンは成功の象徴だった。

「将来がぜんぜん見えないんだ」

ある晩、私はボガートの同僚にそう愚痴をこぼした。

すると彼は、職業紹介所を経営している知り合いがいるから紹介すると言う。そしてさっそく、翌日に会う手はずを整えてくれた。ちょっと悩みを打ち明けただけなのに、彼は力を貸してくれたのだ。

翌日、ジュールズ・ペッパー氏の職業紹介所を訪ねた。私は仕事が見つからなくて困っていることを話し、アドバイスを求めた。

するとこう言われた。

「きみにぴったりのところがある。フィリップス・ヴァン・ヒューゼンだ」

「あのシャツ屋の？　年寄り向けの紳士服メーカーですよね」

正直、嬉しくなかった。若かった私には、地味であか抜けない会社というイメージしかなかった。

だがペッパー氏は請け合った。

「きみがスタートを切るのにこれ以上の場所はない」

有能な面接官というのは一瞬で相手の適性を見抜くものだ。ペッパー氏もその例にもれず、私をひと目見ただけでファッション業界が向いていると判断した。ほかの業界に比べて自由な空気が流れているし、私の押しの強さやファッションセンスを生かせる場所だという。

その言葉を信じることにした。とにかくきちんとした仕事に就きたかった。しかもフィリップス・ヴァン・ヒューゼンは、シャツの分野では米国で三本の指に入る上場企業だというではないか。

ペッパー氏がたまたまファッション業界に人脈を持っていたのか、ほかの業界にも顔がきいたのかは今でもわからない。とにかく、彼は私にフィリップス・ヴァン・ヒューゼンを勧めた。そして同社がファッションセンスのある有能な若手を探していることや、働きはじめたら必ず気に入るはずだという話を聞いて私も納得した。

あの日から今日まで、せっかく手を差しのべてくれる相手に耳を貸さなかった人たちを大勢見てきた。「自分のほうが世の中を知っている」とうぬぼれたり、紹介された企業や業界やポストが気に入らないと不満を並べ立てたりして、聞く耳を持たない人たちを……。

もしあのとき、私が同僚の厚意を聞き流していたら、今ごろどうなっていただろう？あるいはペッパー氏が勧めてくれた面接を断っていたら？

はっきりしていることはふたつ。この面接によって私は三三年間勤める会社に出会い、そこで底辺からトップに上りつめたこと、そしてそれはすべて、あの同僚とペッパー氏のおかげだということだ。

私にとってペッパー氏は人生で初めての師となった。人生の師というのは、ある日突然現れる。あのとき以来、私は自分の目と耳を――そして心も――新しい可能性に対して開くように心がけている。その姿勢はどんなときも決して私を裏切らない。

アドバイス

人生のいかなる時においても、チャンスが扉を叩く音が聞こえたら、必ず応えること。ドアの向こうになにが待ち受けているかわからないからだ。差しのべられた手は絶対にはねつけてはいけない。その手がどんな道へと通じているのかわからないのだから。私の場合、ペッパー氏との出会いは売上二〇億ドル企業のＣＥＯへの道を切り拓くきっかけとなった。

2 目指すのは「ゴールの一歩先」がちょうどいい

翌日、私はフィリップス・ヴァン・ヒューゼン（現在のPVH）の面接に臨《のぞ》んだ。

二〇世紀の初め、米国ペンシルヴェニア州でフィリップス一族が創業したこの会社は、炭坑労働者向けのシャツの販売から始めて商品ラインを拡充し、成長してきた。ドル箱事業は相変わらず年間売上二億五〇〇〇万ドルのシャツだったが、セーターやスーツの事業も展開していた。

オフィスがあったのは五番街の四一七番地。マンハッタン中心部のエンパイアステートビルから四ブロック北に行ったところだ。

商品企画責任者による面接を受ける約束だったが、到着するとアシスタントが応対してくれた。

「責任者は今ちょっと手が離せなくて。アランの部屋で待っててもらえるかしら」

アランは二〇代半ばのとてもハンサムな青年だった。隙のない着こなしにエレガントな物腰。私にはひたすらまぶしく見えた。「オヤジ向けのシャツ屋」で働くことにはまだ抵抗があったが、彼のような洗練された若手がいるとわかると、気持ちが上向いてきた。

もしかしたら、この会社は自分に合っているかもしれない。

旅行にでも出かけるのだろうか、アランは荷造りで忙しそうだったが、手を動かしながら話し相手になってくれた。

彼がヨーロッパに行くと聞いて思わず身を乗り出した。

「どこで休暇をすごすんですか？」

「休暇じゃない、仕事だよ。パリとかミラノとかロンドンとか、ファッションの中心地を回るんだ。僕はデザイナーだからね。アメリカの市場に取り入れられそうなアイディアを探しに、年に何度かヨーロッパを中心に旅してる」

この言葉にすっかり心をつかまれた。ヨーロッパに出張できるなら、なんとしてもこの会社に入らなければ。しかもマンハッタンで働ける！

そうなると、もっといろいろ知りたくなった。私はアシスタント・デザイナーの面接を受けることになっていたので、アランに尋ねた。

「アシスタントからデザイナーに昇格するのに、どのくらいかかりました？」

「そうだな、一年半くらいかな」

この青年がどれほど有能なのか知らないが、彼ができたのなら自分にもできるはずだと思った。

私はアランよりも短期間で昇進してやろうと早くも算段し始めた。まだ面接にも受かっていなかったのに。

このときは意識していなかったが、これは私が仕事上の目標を掲げた最初の瞬間だった。目標は単純明快だった——アランよりも短期間でデザイナーに昇進すること。**面接**

に受かるかどうかなど、もはや少しも心配していなかった。

三〇分ほどして面接に呼ばれた。入社への気持ちが固まった以上、この会社に抱いていたイメージはどうでもよくなった。あとはとにかく自分を売りこむのみだ。

幸い、その日の服装はヨーロッパ風の仕立ての三つ揃いスーツと申し分なかった。ボガートの従業員割引で半額で買ったものだ。接客は見栄えがものをいうため、店員は上質な服を着る必要があったのだ。

顧客に高級スーツを売っていた経験から、私は男性ファッションには詳しかった。

ペッパー氏に受け答えを指南されていたおかげで、面接はすんなり通った。

私はその日のうちにアシスタント・デザイナーとして採用された（というと聞こえはいいが、要は雑用係だ）。

あまりにも嬉しくて、すぐに母親に電話した。

「仕事が見つかったよ。年俸八五〇〇ドルだって。しかも管理職待遇だ！」

私は「管理職待遇」の意味を知りもせず、言葉の響きに気をよくしていた。残業手当がつかないという意味だと知るのに時間はかからなかった。

こうして私は会社でいちばん安月給の社員になった。

ようやく人生のスタートを切れたのだ。

（ちなみに本章に登場したアランというのは、メンズファッション界でいち早くカリスマデザイナーとして名を馳《は》せたアラン・フラッサーのことだ。彼はやがて自分のブランドを立ち上げ、今なお全世界にその名を轟《とどろ》かせている）

アドバイス

大きな成功をつかむには具体的な目標を掲げて行動すべきだが、ひとつコツがある。それは「目の前のハードルを越えることを目標にしてはならない」ということだ。目標はつねにその一歩先に据えること。

たとえば採用面接では、多くの受験者は「面接で受かること」を目標に据える。だがそれでは受かるものも受からない。その一歩先を見据えて、「受かったらなにをするか」をゴールに掲げること。そうすれば面接など屁でもない。大事を成しとげる人間はそうやって目標設定をしているものだ。

3 「上司を見極める力」を持て

次の月曜日。ＰＶＨに初出勤した私は、上司となるブルース・クラッキーと顔を合わせた。ブルースにはすぐに好感を抱いた。堂々と落ち着き払っているので自分よりずっと年上だと思ったが、誕生日は半年しか離れていなかった。

あとで聞いたのだが、ブルースは裕福な家庭に生まれ、一流大学を卒業していた。そんな彼は、私がつきあってきたブルックリン界隈の仲間とはまるで別世界の人種だった。

ブルースは品定めするかのように私をじっと見てから、口を開いた。

「いいだろう、見込みはありそうだ」

それからこう続けた。

「最初に言っておく。俺はいずれこの会社の社長になるつもりだ。ついてきたかったら、自分の仕事は勤務時間外にすませてくれ。勤務時間中は俺にぴったり張りついて、俺の仕事を覚えるんだ。知ってることはぜんぶ教えてやる。俺が早く出世できるように、一日でも早く俺の後釜に座れるようになってくれ」

私はあっけにとられた。

この男は、初対面の新入り部下に対して露骨な野心を隠そうともしない。さらに、自分のポジションを部下に奪われたくないというくだらない保身とも無縁だ。それどころか、高みをめざすために、自分の代わりが務まるように早く成長しろと言う。

ブルースに会ってすぐ、私は心に決めた。

彼のもとでなら、まちがいなく多くを学べる。頂点をめざす彼についていこう――。

組織で生きていると、新しい上司と出会った瞬間に相手の真価がわかることがよくある。地の果てまでついていくに値する人物か？　それとも一秒でも早く縁を切るべき人間か？

ブルースは前者だった。実際に彼は社長になり、われわれは三三年にわたって戦友としてともに働いた。彼は出世の階段をまっすぐ駆け上がり、私も何度となく脇道にそれながらも頂上に達した。

組織人の命運は、新しい上司や同僚に出会ったとき、彼らの素養を見抜けるかどうかにかかっている。組織を成功に導ける人物か？　きみを成長させてくれる人物か？　きみのキャリアを投資するのにふさわしい人物か？　この三つを極力早い段階で判断すること。

「よし、このメンバーなら多くを学び、成長できる」

職場を見渡して、そう思えたら、すばらしい職場に恵まれたことに感謝しよう。

だがそう思えないなら？

私もつねにブルースのようなずば抜けた上司のもとで働いてきたわけじゃない。世の中にこれほど卑劣な人間がいるのか、とあきれ果てるような最低の上司に仕えたこともある。

ところが世の中というのは、うまくできているものだ。

ある日、営業会議に出席したときのこと。副社長のひとりから調子はどうかと訊かれ、私は「絶好調です」と虚勢を張った。本心はどうであれ、つねに快活にふるまうようにしていたのだ。

するとこう言われた。

「そうか、安心したよ。だが絶好調ってことはないだろう。きみが世界最低のクズ野郎のもとで苦労しているのは幹部たちも知っているさ。もちろん、やつも会社に必要とされているからいるんだがね。だけどきみの目標はやつに尽くすことじゃない。きみならやつを超えられる。期待しているぞ」

嬉しい言葉だった。そして教訓を得た。**上司がクズでも、社内で目をかけられ、自分という人間の価値を認めてもらえるよう、努力を怠らないこと。そうすれば、誰が上司かは最終的に問題ではなくなるのだ。**加えて、自分は仕事ができるだけでなく、タフな状況ややっかいな相手に対処する能力があると会社に証明できる。

そして私は生き延びた。一年ほどして、別の上司のもとで働くことになった。クズ上司はどうなったか？　やがて自滅してしまった。非常識な態度が多くの取引先や顧客を怒らせて仕事が激減し、会社から愛想を尽かされたのだ。

努力はやがて報われる。月並みな教訓だが、ほんとうにそうなのだ。誰でも自分に値する場所に落ち着くものだ。そこにずっと留まるかどうかは別として、ビジネスの世界に単なる偶然はない。能力があって自分を律していれば、やがてしかるべき場所に到達する日がくるはずだ。

人は善人ばかりではない。ビジネスがフェアであるとも限らない。タフな状況や不愉快な相手に出くわしたときこそ、きみの真価が問われるのだ。

成功できるかどうかは、ほかの誰でもない、きみ自身にかかっている。

アドバイス

組織人のキャリアは上司次第で大きく変わる。上司はきみのキャリアを押し上げてくれる人物か否か、早々に見極めること。もし上司が「ハズレ」なら、その職場はキャリアの階段のワンステップにすぎないと割り切って、学べるだけ学ぶこと。そして、そんな不利な境遇でも実力を発揮できる人間だと周囲に証明してみせること。

そう、上司が「アタリ」だろうが「ハズレ」だろうが、大きな成功をつかむ道はあるのだ——やりようさえまちがえなければ。

4 きみには思っている以上の「力」がある

一年目の数カ月は、とにかく自分の経験不足がコンプレックスで仕方がなかった。肩書だけは管理職でも、実際にはなにも知らない最年少社員。そんな私にろくな仕事ができるはずもない。

ところが会社は、そんな駆け出し社員にも多くの学びの場を与えてくれた。

ある日、売上数十億ドルを誇る繊維会社の社長との昼食会が開かれたときのことだ。大勢の先輩社員に交じって私も呼んでもらった。

高級レストランに着くと、その社長から隣に座るようにと手招きされた。

そのときの彼の言葉は生涯忘れない。

「マーク、どうしてきみを隣に座らせたのかわかるかな。それはきみが未来だからだ」

少しばかり驚いたが、どうにか感謝の言葉を伝えた。

彼は続けてこう言った。

「きみはこのなかで誰よりも経験不足だが、誰よりも重要な存在だ。若いからこそ今の世の中で起きていることに敏感に反応できるからだ」

もし、きみがまだ若いなら、**未熟であっても組織に絶大な貢献をする力がある**のだと自覚してほしい。

「若さ」とは企業の年配重役が求める財産だが、当の若者はたいていそのことに気づいていない。周りの先輩たちがみな、万事を心得ていて経験も豊富で、どんな難題も余裕でクリアできるように見える。

それでも決して自分を過小評価してはいけない。**若さは弱みではない。強みだ。きみは自分が思っている以上に多くのことを知っている。**

若いほど世の中の新しい動きに敏感で、変化に柔軟に対応できる。だから、まともな経営陣が舵取りをしている会社ほど若手の意見を真剣に求めている。今の私はどんなにテレビを見ても、流行りの音楽を聴いても、フェイスブックやインスタグラム、ツイッター、ピンタレストを試しても、めまぐるしく変わる文化やテクノロジーに若者と同じようにはついていけない。ユニークな視点を持った若手には貢献できるチャンスがたくさんある。

ただし意見を述べるタイミングや質問の内容には気をつけること。なにを尋ねてなにを尋ねるべきではないかを学ぶ必要がある。それでも、きみの考えや疑問にはすべて価値がある。若いからといって見くびられたら負けだ。

この社長から話しかけられ、関心を持ってもらったことで、私は彼と近づきになり、それが後々昇進を果たすうえでとても役立った。直接電話をして意見を求め、仕事上のアイディアについて相談に乗ってもらえたからだ。彼とのつながりは貴重な財産になった。

アドバイス

世の中には「自分には取り柄がない」と思っている人が多すぎる。もしきみがそうなら、ためしに二世代以上歳の離れた人や、異業種の人に会いに行き、一時間ばかり語り合ってみるといい。きみ自身にとってはとるに足らない自分の知識や経験や洞察が、相手にとっては貴重な情報である場合が多いことに気づくだろう（むろん逆もまた然りだ）。

若さは弱みではない。圧倒的な強みだ。聡明な経営者は、若者の発想をのどから手が出るほど欲しがっている。

5 操り人形になるか？　操る側になるか？

映画「ゴッドファーザー」を観てからというもの、頭から離れないイメージがある。タイトルのロゴにあしらわれた、操り人形を動かす手のイラストだ。自分が仕事で置かれている立場とぴったり重なって見えるのだ。

ファッションビジネスの世界では、芸術的でクリエイティブなことが好きだからという理由で、デザイナーを志望する人が多い。

だがここには落とし穴がある。

彼らは自分がデザインしたものは自分で自由にできると思っているが、現実はそうはいかない。なぜか？　ファッションビジネスにおいて、デザインはその企業の「商品」だからだ。商品である以上、社内で主導権を握るのは、それをどう売るかを全面的に理解している人たちになる。

となると、ずばぬけた才能がある場合をのぞき、自分のデザインについて主導権を握る方法はひとつしかない。**デザイン以外のあらゆる分野についても知ること。**これに尽きる。

同じことは他のあらゆる業界にもあてはまる。たとえばマーケティングの分野だ。マーケターが人目を引く広告をつくる方法しか知らず、広告によって商品の売れ行きがどう変わるか、広告が商品価格にどう影響するかを理解していなかったらどうなる？　そいつは一生、ビジネスで主導権を握ることはできない。

「ゴッドファーザー」のロゴを見たとき、働きはじめたばかりの私は、自分のキャリアと同じだと直感した。自分は誰かに支配され、指図を受ける操り人形になるか、あるいはビジネスの全体像を把握して人形を操る側になるかのどちらかだ、と。

好きなことや情熱を傾けられる分野があればいいというほど、ビジネスの世界は甘くない。ひとつのことに詳しいだけでは一切通用しない。

興味のわかない分野にも目を向けること。深く精通する必要はないが、関心の低い分野についても軽んじることなく学ぶべきだ。そうすれば、必ず成長して圧倒的な成功を手にできる。そして出世の階段をのぼり、操り人形から操る側へと立場を変えることができるのだ。

財務や在庫管理、生産、マーケティング、広報宣伝、営業について、時間とエネルギーを費《ついや》して学ぶのはまっぴらだというのなら、たったひとつの得意分野で成功して満足するしかない。もっとも、それで成功できる人間はほんのひと握りだ。


きみがなりたいのはどちらだろう。操り人形か？　それとも操る側か？

アドバイス

仕事を通してなにを得たいのかをつねに明確にしておくこと。人や状況をコントロールする側になるのか、それらにコントロールされる側になるのか。前者を望むなら、興味をかき立てられない分野にも積極的に手を出すこと。

6 きみの圧倒的努力を、見る人は見ている

組織のなかで誰もがうらやむ成功をつかみたければ、組織が利益を上げ、成長できるように全力で貢献すること。そもそもきみはそのために雇われているのだ。

ＰＶＨで働き始めてから九カ月がすぎたとき、私はまだアシスタント・デザイナーだった。

勤務地はニューヨークだったが、ＰＶＨが販売するシャツの製造工場の監督も任されていた。

当時は一〇カ所に工場があり、主力工場は本社のあるペンシルヴェニア州ポッツビルにあった。小さな街で、かつては炭坑業の中心地だった。

入社したての私は上司のブルースに心酔し、生産工程や設備、デザイナーと製造現場の人間関係など、学べる限りのことを学び取ろうとしていた。当時のPVHにとって、大きな課題は製造コストだった。私はこの状況を打開できないかと考えた。

米国の製造業はどこも、外国から押し寄せる価格の安い製品に対抗する術を模索していた。解決すべき課題は山積していたが、消費財の分野では、なんと言っても価格競争力がすべてだった。製品原価を下げれば利益は上がる。ビジネスの大原則だ。

最初のひと月は、毎週のようにニューヨークからポッツビルの工場に通い詰めた。ふた月もすると、そこで働く人たちとすっかり打ち解けていた。

ポッツビル工場の担当者たちは典型的な労働者だった。現場経験の豊富なエンジニアが多く、たいていはラフな半袖シャツを着て、ポケットにこれでもかというほどたくさんのペンを挿している。

それとは対照的に、ニューヨークのデザインチームのスタッフたちは都会的だった。エレガントなスーツをまとい、流行やスタイルに敏感で、マーケティングやデザインを最優先する人たち。

ふたつの文化は水と油だった。

両者のやり取りを見聞きするうちに、まともにコミュニケーションがとれていないことがわかった。協力するどころか敵対しているのだ。

工場側は生産工程を画一化することでコスト削減をめざしている。同じボタンや糸やラベル、ポケットを多くの製品に使えば効率性は高まり、価格競争力を取り戻すことができる。

一方でニューヨーク側のデザイナーたちは、効率よりも斬新なスタイルを追求し、付加価値を高めることを重視する。たとえば、ポケットの形を規格化してひとつ当たり二五セントのコスト削減をするより、ポケットの形を五、六ミリ変更することのほうが重要だと信じている。たかが二五セントと思うかもしれないが、当時のシャツの生産量から計算すると、費用の差は一年で数十万ドルにもなる！

工場側はコストを重視し、ニューヨークの本社側はデザインが重要だと主張して互いに一歩も譲らなかった。

最初のうちは彼らの議論に黙って耳を傾けていたが、いつまでたっても平行線で、一向に埒《らち》があかない。

私はニューヨーク側に身を置いていたし、商品の魅力の重要性を理解していたが、ニューヨーク側の姿勢には問題があると判断した。男性がポケットの形でシャツを選ぶだろうか？　しかも五、六ミリのちがいで？

私は工場の生産部長にかけ合うことにした。

「コスト削減につながる要素の一覧をいただけませんか？　ニューヨークに方針を変更するように精一杯かけ合ってみますから。そのためには詳細な情報と、いくら削減できるかの数字が必要になります」

生産部長はその日のうちに資料を用意してくれた。検討すると、品質で妥協しなくても原価を下げられそうだった。私はニューヨークに戻って上司に報告した。

一週間後、取締役会長から呼び出された。

会長室に呼ばれるのは初めてだったのでおそろしく緊張した。

「ポッツビルの工場によく顔を出しているらしいな」

「なんでも吸収したいんです。品質を落とさずにコストを削減するためにできることはなんでもやるべきだと思っています」

するとと会長は言った。

「なるほど。おもしろい話をしよう。ポッツビル工場の生産部長は三〇年ものあいだ、製造部門を支えてくれている。その彼が電話をかけてきて、こう言ったんだ。ニューヨークの人間で、製造現場の意見を真剣に求めてきたのはきみが初めてだとな」

このエピソードを披露するのは、自分の機転を自慢したいからではない。伝えたいのは、どんなバックグラウンドや価値観を持った相手に対しても、冷静に心を開いて接すれば道は開けるということ。そして、きみの働きぶりを見ている人が必ずいるということだ。

私の関心はただひとつ――会社にとってなにが最善か。きれいごとを言っているのではない。**会社が成長すれば自分も恩恵を受ける。そういうものだ。**

むろん企業によっては、別の行動が正しい場合もある。実際、高級ブランドのなかにはコストを削減して利益率を上げるために、あえて香港などに工場を移したケースも多い。会社にとってなにが最善かはケースバイケースだ。

繰り返すが、**自分の会社が成功するにはなにが一番大切かを徹底的に考え、理解すること。**

ＰＶＨの場合、コスト削減によって競争力が向上し、工場閉鎖も回避することができた。

会社のために正しいことをすれば、自分自身も報われる。

私はアラン・フラッサーの記録を塗り替え、その週のうちにデザイナーに昇進した。

アドバイス

自分は会社の利益のためになにができるのかをつねに問うこと。会社のために全力を尽くせば、見てくれている人は必ずいる。結果的に最大の恩恵を受けるのは、ほかならぬきみ自身なのだ。

7 「井のなかの蛙」は、組織人として死を意味する

初めての昇進は身悶《もだ》えするほど嬉しかった。いよいよ出世の階段を上りはじめたのだ！　この階段を上り続け、成功をつかむためになんでもしようと心に誓った。

昇進するにつれて、周囲の人たちのまなざしに私への信頼感が生まれるのが見てとれた。また残業や休日出勤など、ほかの人には頼みづらいようなことでも、私になら気軽に声をかけられるようだった。

組織で成功するには、上司や同僚に対して、きみがどんなタフな難題もこなす頼もしい存在だと証明しなければならない。**たとえ任された課題についてなんの知識がなくても、適切な相手を探して助けを得るだけの機転がきくことをアピールすること。なによ**

りも重要なのは、経営陣からの圧倒的信頼を勝ち取ることだ。

自分の所属部門に閉じこもらず、他部門の人間に積極的に話しかけ、どんな仕事をしているのかを詳しく教えてもらおう。会議があれば同席させてもらえないかと頼み、余裕があるときはなにか手伝えないかと申し出よう。

覚えておいてほしい。**「運」というものは努力するほど増えていく。周りから好かれて頼られるようになればなるほど、思わぬところからも声がかかり、活躍のチャンスは驚くほど広がっていくものだ。**

アパレル企業では一般的なことだが、ＰＶＨも、シャツ部門、スポーツウエア部門、子供服部門といったぐあいに事業部門がわかれていた。そして各部門で、ドレスシャツ、スポーツシャツ、セーターなどのアイテムごとに専門のデザイナーを抱えていた。

こういう組織はどうしても「煙突型」になる。社員が他部門の仕事を経験する機会が少なく、生き残るには「煙突」の先をめざして這い上がるしかない。そうした状況ではキャリアの可能性は狭められてしまう。

だが私はちがった。入社してから二五年間に二五のポジションを経験し、社長に就任した（それで終わりではなかった）。

はじめはボーイズ衣料部門のスタッフだった。私は、ボーイズ向けのドレスシャツをデザインしていた。当時の上司はニットの経験が豊富だったので、私はニットビジネス全般について積極的に教えを乞うた。

一年半後に上司の仕事を引き継ぐと、セーターやニット、ズボンなど、いくつもの分野を学ぶ必要に迫られた。昇進するにつれて、新しい分野に活動の場を広げることができた。

ライバルたちが井のなかの蛙《かわず》、つまり狭い分野の専門家だったのに対して、私は早い段階から多くの分野で経験を積んでいた。短期間で給料と地位が上がったのはそのおかげだ。私はライバルたちより多くを身につけていた。

断言するが、専門分野がひとつしかないことは昇進の妨げになる。本気で成功をめざすなら、自分の仕事以外の分野についても勉強すること。

ひとつ注意すべき点は、きみがその分野で優秀であればあるほど、異動の機会が減ることだ。会社はきみなしでは業務が立ちゆかなくなると心配して、他部門に異動させるのを渋るようになるからだ。それを避けるには、信頼できる上司に、ほかに挑戦したいことがあると伝えよう。会社がきみを認めていれば、なにかしら対応してくれる。そういう積極的な相談はたいてい歓迎されるものだ。

（もっとも、仮に同じくらい意欲的なライバルが三人いるとしたら、熾烈な競争が待っている。そこでダントツの存在になるには、自分をうまくアピールし、社内政治に食い込んでいく必要がある。ここでもやはり、誰とでも良好な関係を築き、一目置かれる存在になることがカギになる）

当時、社内で利益を上げているのは紳士用シャツ部門だけだった。私の場合、昇進してからもボーイズ向けを扱う小さな部門で働いていたことでかえって目立ち、「センスのいい若手がいる」と評判になった。すると、上司からの指示でシャツのデザイナーたちが私の仕事ぶりを見学に来るようになり、それがきっかけとなって、経営陣は私にもっと重要な仕事を任せようと考えるようになった。

そして私はまた昇進した。ドル箱のシャツ部門に異動になると、ファッションディレクターという役割を与えられた。要するにデザイン全般を監督する商品開発の仕事だ。

ＰＶＨはやがてアウター、ズボン、シャツといったスポーツ関連商品をまとめてひとつのコレクションとして展開するようになり、私はそれを統括する責任者のひとりに選ばれた。仕事は多岐にわたり、私はさらに幅広い分野の知識を吸収することができた。

そして知識が増えると、あることに気づいた。

自分はダントツの一流デザイナーにはなれないが、**人形を操る側**にはなれるかもしれない――。

アドバイス

組織の階段を駆け上がるには「井のなかの蛙」になってはいけない。狭い専門分野では、出世しても頭打ちになり、いずれ身動きが取れなくなる。そのためには、自分の業界のほかの分野について広く浅く学ぶこと。他分野でも多くのことができると日ごろから周囲に知らしめておくこと。

8 「業界の悪習」を見つけたらチャンス

入社して三年目がすぎたころ。私は男性用ドレスシャツのファッションディレクターとして、社内最大部門の商品開発を任されることになった。

当時、シャツ生地の調達にはふたつのルートが幅をきかせていた。

ひとつは、米国内の主要繊維メーカーから買い付けるルート。デザインや生地の最新トレンドについて彼らの見解を聞き、生産に必要な生地を注文する。

このルートの問題点は、こうして買った生地には独占権がなく、ライバルのシャツメーカーでも購入できることだ。どのブランドのシャツも同じストライプ柄というのでは差別化など図れっこない。だが、当時はそれが一般的な調達ルートだった。

もうひとつはコンバーターと呼ばれる中間業者を介するルートだ。彼らはインドネシア、マレーシア、台湾、韓国といった国の生地メーカーと契約し、米国市場向けの生地をつくらせている。人件費の安い国で生産された生地は価格競争力が高く、品質も満足できるものだった。しかもこうした国では小ロットで発注できるため、独自の生地調達が可能だった。

だが……。

コンバーターのもとを初めて訪れたとき、彼らのプレゼンがあまりにも「なあなあ」なので唖然《あぜん》とした。

たとえば彼らは、見本としてイタリアで探してきた黒のストライプのシャツを提示してくる。こっちがほかの色のシャツがほしいのだと言うと、バーガンディーとハンターグリーンのイラストを描いて「こんな感じでいいか？」と言う。これが将来のコレクションに向けたプレゼンのすべてで、われわれは見本とコンバーターの言い値をもとに、購買の決定をする。

最初のひと月、私はこのやり方をじっくりと観察した。

ＰＶＨのクリエイターたちは、米国内の繊維メーカーとコンバーターの両方から生地を調達し、それらを組み合わせてどうにか独創性のあるシャツに仕上げていた。

だが、私は疑問を感じずにはいられなかった。コンバーター経由の調達方法は不合理きわまりない。**だいたい、コンバーターにシャツの最新の流行などわかるのか？**われわれは世界第三位のシャツメーカーだ。日ごろから小売店や顧客に接しているこっちのほうが、シャツのデザインについて詳しいに決まっている。なのにコンバーターをヨーロッパに行かせ、彼らが描いたアイディアを、バカ高い言い値で買わなければならない道理がどこにある？

そうこうするうちに、コンバーター経由で台湾や韓国などから調達した生地がペンシルヴェニアの倉庫に到着した。

私はニューヨークのオフィスとペンシルヴェニアの工場をひっきりなしに往復し、現場を監督した。生地のラベルは紛らわしいし、デザインやスタイルには変更がつきものだからだ。

材料となる生地がシャツの仕様と合っていることを入念にチェックした。万一まちがいが生じれば工場を停止しなければならず、大きな損失をこうむるからだ。

すると……。

ふと、予想もしなかった「秘密」を見つけた。生地をよく見ると、それぞれのロールの端に現地の繊維工場の名前が記されていたのだ。コンバーターは製造元の繊維工場を決して明かそうとしないが、その秘密は生地にはっきりと記されているじゃないか。しめた！


ひと月ほどで各国の繊維工場名をすべてメモすると、私はそのリストを手に副社長に状況を報告し、こう進言した。

「なぜ自分たちでヨーロッパに行ってシャツ見本を買わないんです？　それに、なぜコンバーターに生地の買い付けを任せる必要があるんです？　彼らの買い付け先は、ほら、このリストにあるとおりすべて把握しています。われわれで直接買い付けるべきです」

翌日、副社長がやってきた。

「ヨーロッパとアジアに行くぞ」

数週間後には、副社長とヨーロッパでシャツを買い付けていた。

それからアジアに飛んだ。日本、台湾、韓国の繊維工場と契約を交わし、全部で七万五〇〇〇ヤード分の生地を直接購入した。

五年後には、国内と世界中の工場に向けて五〇〇〇万ヤード分の生地をアジアから輸入した。

これによってPVHの原価に関する考え方が変わり、数百万ドルの費用削減につながった。生地を独占的に買い付けた効果もあり、われわれは世界第二位のシャツメーカーに昇格した（ちなみに、二〇〇四年には当時世界第一位の「アロー・シャツ」を買収。PVHは今でも世界第一位の座を維持している）。

今日ではどのファッションブランドも中間業者を排除するようになり、生地のコンバーターは数少なくなっている。

私は業界の常識を受け入れなかった。従来のやり方を根本から変えたのだ。**社内の誰もが満足していたとしても、もっと効率的でよい方法があるはずだ。**主導権を握る方法はないのか？　見落としている点は？　中間業者が生み出す価値はなにか？　他に利益を上げる方法はないのか？　一歩踏み込んで、よりよい方法を見つけたのだ。

きみも自分の勤め先でやってみてほしい。「うちではこれが普通だ」と抵抗を受けても、現状に甘んじないこと。もっとよい方法があると思ったらそう提案すること。入社して最初のひと月は避けるべきだが、同僚や上司とよい関係を築き、きみの仕事ぶりや成果が認められていれば、周りも聞く耳を持ってくれるはずだ。

大胆なアイディアを受け入れてもらうには、まず第三者に相談するのが穏便な方法だ。賛成してくれる仲間で脇を固めておけば説得力が増す。

「会社に提案するなんて無理だ」と言われることもある。提案しても「いつもこうしてきた」「別の方法を取り入れる人手もノウハウもない」「壊れてないものを直す必要はない」といった返事しか期待できないからだ。

だが、そんな考え方しかできない会社は、成長はおろか生き残ることさえ不可能だ。自分の能力に自信があるか、すばらしいアイディアがあるのなら、それを理解してくれる人のもとで働くべきだ。

それから間もなくして、私は商品開発マネージャーに昇進した。

アドバイス

「昔からずっとこうやってきた」という言葉に屈してはいけない。固定観念を打ち破ること。従来よりも効率や生産性にすぐれた方法を見つければ、経営陣からも歓迎される。あまたのビジネス書に書かれていることだが、実際に真理なのだ。

9 穴に落ちたらそれ以上掘るな

望む仕事にめぐり会えず、給料は上がらず、昇進もできない。そんな自分を尻目にライバルがすべてをかっさらう――。

キャリアに失望はつきものだ。誰もがうらやむような成功者でさえいくつもの挫折を経験している。その先に進むことができるかどうかは、挫折をどう克服するかにかかっている。

まず忘れてならないのは、**社内で評価されたいなら、会社の向かう方向を正しく理解することだ。**きみが会社に期待できるのは、仕事の成果に対するフェアな処遇だけだ。それ以上の高望みはしないほうがいい。処遇がフェアならば、それに感謝しつつ虎視《こし》眈々《たんたん》と時機をうかがうこと。

欲しいものがいつでも手に入るわけではない。会社や上司から認められなかったときこそ、その失望を糧に成長するチャンスだ。

冷静に自分に問いかけよう。**会社の利益のためにベストを尽くす決意があるか？**

期待を裏切られることは避けられない。それは自分が試されるときだ。

私が成功できたのは、端的に言って、挫折を克服する術を学んだからだ。

入社から六年目のこと。私はそれまでに六つの役職をこなしてきた。スピード昇進だったが、次にめざすは副社長だった。自分はダントツだと自負していたし、経営幹部からも推薦されると信じていた。

ところが、そうは問屋がおろさなかった。

私は商品開発部門の同僚のヘレンと、ヨーロッパに出張していた。ドイツのニュルンベルクを訪れ、デザインの見本を買い集める仕事を終えたところだった。ホテルで早めの夕食をすませたとき、ニューヨーク本社に電話を入れるようにとメッセージを受け取った。

電話の向こうには社長、取締役副社長、それから営業マネージャーのジョンが待っていた。「大ニュース」があるという。私は心を躍らせながら耳をすませた。

まず、ジョンの昇進が決まったとのことだった。新しい役職は、商品開発部門の副社長兼ゼネラル・マネージャーだ。そして、私と出世争いをしていた商品開発マネージャーは副社長となり、私の下にいた商品企画担当者は昇進して私と肩を並べたというではないか。

私は心のなかで思った。これのどこが「大ニュース」だって？

そこで私は訊いた。

「私はどうなったんです？」

社長が訊き返した。

「きみがどうなったというのは、どういう意味かね」

「大ニュースとうかがったので。三人の昇進は了解しました。ですが、私の話がまだです」

しばらく沈黙が流れた。やがて社長が口を開いた。

「そうだな、きみには今の仕事を引き続きやってもらうが、これからはジョンの下で頑張ってくれ。彼にいろいろ教えてもらえば、いい経験になるはずだ」

私は気持ちを抑えようとしたが、こらえきれず爆発した。

「ふざけるな！　夜の八時に電話しろっていうからかけたのに！　俺の昇進はなし？　こんなバカげた話があるか！」

普段の私なら、プライベートでも仕事でも、口汚い言葉はあまり使わない。だが、その「大ニュース」があまりに予想外だったので、罵詈雑言が口をついて出てしまった。

「マーク、そう思うなら明日の飛行機ですぐに帰ってきたまえ。会って話そうじゃないか」

社長はそう言うなり電話を切った。

怒りが収まらなかった。

ヘレンは茫然としていた。

「あなた、今、辞表を叩きつけたってわかってるの？」

「なんのことだ？　そんなことしちゃいない」

「いいえ、したわよ。向こうはそう受け取った。自分から辞めなくてもクビよ」

今度はこちらが愕然とした。


三〇秒後、私はニューヨークに電話をしていた。ジョンが出たのですぐに平謝りして、なぜわれを忘れてカッとなってしまったのかを言い訳した。

「自分も昇進できると勝手に期待していたのです。昇進したのはすばらしい人ばかりです。心から祝福します。どうか先ほどの無礼を許してください」

私は必死だった。


その晩はいろいろな意味で運がよかった。まず、ヘレンがいてくれたおかげで救われた。自分で掘った墓穴に落ちた私を引っぱり上げてくれたのだ。

きみも**穴に落ちたと気づいたら、それ以上深く掘らないこと。**あの日彼女が手を差し伸べてくれたことは、一生忘れないほど感謝している。

それから電話をかけ直したとき、まだ三人が社長室に残っていて、すぐに謝罪できたのもついていた。あと一分でも遅かったら、おそらくクビになり、心から愛している仕事を失っていただろう。

この一件では幸運にも救われたが、**重要なのは自分の思い通りにならなかったときにどうふるまうかだ。**

私のように社長に悪態をつくのは言語道断だが、**職場の人間関係は友達や家族とのつきあいとはちがう。**このことをよく自覚し、感情を抑えなければならない。最優先なのは会社の利益であり、会社に対する貢献に見合う以上の扱いを期待しないこと。

それから一年間、私は屈辱を味わった。あの晩の電話口にいた三人と同席する会議では、ほかの出席者もいるなかで、議題によって私だけ席を外すようにと命じられた。その年は昇給もなかった。信頼を一から築き直さなければならなかった。

仕事で冷静さを欠いたら、すべてを失いかねない。信頼を回復するまでかなりの時間がかかった。

ニュルンベルクでの失態は大きな教訓となった。**どんな状況でも感情を抑え、冷静さを保つこと。**

会社は優秀な人材を求めていることを決して忘れてはならない。会社を発展させるのはすぐれた社員だ。自分がその人間であることを証明すれば、求めている地位は必ず手に入る。挫折を味わったら、それをバネに成功への思いを新たにすること！

ビジネスに単なる偶然はない。成功する人はそれに値するなにかを持っている。

私の場合、ニュルンベルクの一件を反省し、「昇進した人たちにはどんな資質があるのか」「なぜ私ではなく彼らだったのか」を考えた。あのときの人事決定に納得できなくても、幹部がその決定を下した理由を理解することに意味があった。

きみも挫折を味わうたびに考えるべきだ。まずは、会社の決定がフェアなのかを客観的に考えること。そのうえで、挫折に翻弄されるのか、あるいは成功への糧《かて》にするのか、自分で決めるのだ。

昇進を見送られてからというもの、私はそれまで以上に仕事に邁進した。会社の業務について学べることはすべて学ぼうと決意した。

アドバイス

仕事仲間と良好な信頼関係を築くべきなのは前に述べたとおりだが、彼らは友人でも家族でもない。なんでも言い合える親しい間柄のつもりでも、上層部の人間ほど、内心では冷静に一線を引いているものだ。

この点を肝に銘じ、ビジネスシーンではつねに感情をコントロールすること。万一われを忘れてしまったら、絶対にそれ以上傷を深くしないこと。会社や上司から認められなかったときこそ、その失望をバネに、それまで以上に仕事に邁進すること。

10 抜擢されるコツは、ダントツで勝てる分野を賢く選ぶこと

ニュルンベルクでの失態をどうにか挽回して以来、商品開発マネージャーとしての私はふたたびうまく仕事をこなしていた。会社の成長に大きく貢献し、評価も受けていた。だがあるときふと気づく。商品開発部門でもマーケティング部門でも、大抜擢されるのはいつも営業部の出身者なのだ。

私は考え込んだ。いかに有能とはいえ、営業畑の人間が広報宣伝についてどれほどわかっているというのだ？　営業の経験しかないのに、アジアで原材料の調達などできるのか？

納得がいかなかった。それはともかくとして、自分は順調に昇進を重ねてはいるが、

担当は相変わらず商品開発だ。やがて出世は頭打ちになってしまうのでは？

そこで上司に直談判した。

「この会社を誇りに思っていますし、この仕事が大好きです。ですが、重要なポジションに空席ができたとき、それを埋めるのは決まって営業部の出身者ですよね。私がこの会社に残って貢献していくことを考えると、私も営業を経験すべきだと思うんです。今いる部門から大抜擢された例を見たことがないものですから」

上司は「少し考えさせてくれ」と言い、上級副社長のロバート・ソロモンとの面談を設けてくれた。

数日後。ソロモンの部屋を訪ねた。

先日の会話について訊かれたので、同じことを訴えた。

「商品開発の仕事を突き詰めても、将来会社を引っ張っていく立場にはなれそうにありません。今のままでは先が見えないんです」

彼は言った。

「なるほど、よく話し合おうじゃないか」

それは私の人生のなかでも五本の指に入るほどの貴重な会話となった。

「マーク、きみは財務に詳しいのか？」

「財務の知識はあります。十分勉強しているつもりです。会社の財務状況も理解しています」

「では、相当詳しいんだな？」

私は少し考えてから答えた。

「いいえ、そこまでではありません」

するとソロモンはこう言った。

「よろしい。では営業の話をしよう。きみは商品を売るのが得意なのか？」

「商品を魅力的に見せる方法は知っていますし、プレゼンもうまくできます」

ソロモンはこの答えに満足しなかったようで、さらに続けた。

「だが、売ることを楽しいと思えるか？　販売でダントツになれるか？」

「そこそこできると思います。きっと戦力になれます。私はやると決めたら、必ず結果を出しますから」

ソロモンは許してくれなかった。

「**ダントツになれるか？**　と尋ねたんだよ」

私は正直に答えた。

「いえ、無理です」

彼は質問を変えた。

「きみは新しい商品やデザインを考えるのは得意かね？」

今度はこう答えた。

「はい、まさに得意分野です」

彼は続けた。

「きみは商品開発にかけてはそこそこなのかな？」

私は言った。

「いいえ、それにかけてはダントツです」

　ソロモンはついに本題に入った。

「そういうことなんだよ、マーク。ビジネスの世界では、競争相手はその道のトップの人間だ。頂点をめざすなら、彼らを相手に勝負する覚悟が必要だ。

　きみが財務の分野で勝負するとなれば、相手は財務のトッププレイヤーだ。営業でも同じように、ダントツの連中と勝負することになる。ただできるだけじゃ勝てん。

　だがきみが商品開発に長けていることは明らかだ。それこそきみが極めるべきことだよ。**この世界で勝負するつもりなら、自分がトップになれることで勝負すべきなんだ**」

　このときの会話はずっと胸に刻まれている。学べることはなんでも学び、ほかの分野の仕事を尊重することは必要だ。しかし、自分が望む地位を手に入れるには、挑む分野においてダントツでなくてはいけない。

　ソロモンはこんな言葉もかけてくれた。

「きみは今、会社にとってきわめて重要な仕事をしてくれている。だから商品開発から営業に異動させるわけにはいかないんだ。その代わり、営業の幹部をひとりつけてやる。

営業のなんたるかをきみに教えさせよう」

ソロモンは約束を守ってくれた。私は商品開発を指揮しながら、マーケティング責任者からビジネスのほかの分野についてみっちりと教育を受けた。本職の商品開発についてもデータ分析の手法をマスターした。どこから、どれだけ、どのタイミングで仕入れをするか。売れない在庫をどう扱うか。

その年の終わり、私は副社長兼商品開発担当のゼネラル・マネージャーに昇格した。

アドバイス

漫然と出世レースに参加するのは言語道断だ。不得意な分野で競争に挑み、昇進が途絶えた人間を私は大勢知っている。自分がトップになれる得意分野を見極めて、そこで勝負をかけること。

11 将来の地位にふさわしい服装をせよ

欲しいものを手に入れるためには、日ごろから準備しておくべきことがある。「自分という商品」の価値を周囲に正しく伝える、プレゼンテーションの技術を磨くことだ。

プレゼンはビジネスで成功するために絶対に欠かせないスキルだ。にもかかわらず、自分を売り込む方法を知らない人が多すぎる。

よく「外見や印象はその人の本質ではない。大切なのは中身だ」と言うが、現実はそんなに甘くない。仕事でつきあう相手は、きみの中身をじっくり理解してくれる友人ではないからだ。**成功できるかどうかは、自分をどうプロデュースし、他人からどう見られるかにかかっている。**

まずは、自分がどんな人たちと仕事をしているかをよく観察してみよう。

たとえば、きみが投資銀行で働いているとする。同僚はどんな身だしなみで仕事をしているだろう？　トップから新人まで、成功者に見えるよう、誰もが上質のアイテムをまとい、コーディネートに細心の注意を払っているはずだ。

なぜか？　金融エリートは、カネの使い方の手本を示さなければならない人種だからだ。自分のカネを優雅に使う姿がすなわち、「私はあなたがた顧客のおカネを賢く投資する術を熟知していますよ」という無言のアピールになるのだ。

他方、ＩＴ企業となるとまるでちがう。仕事に行くのに毎朝ヒゲをそる必要はなく、むしろだらしなさが好まれることもある。身なりを気にする暇がないほど開発に没頭しているという印象につながるからだ。

どんな分野で働いていても、自社の性格をよく理解して、それにふさわしいメッセージを発信すること。それから**「今の仕事にふさわしい服装ではなく、将来やりたい仕事にふさわしい服装をせよ」**という格言も覚えておくといい。

服装や外見的な印象を決して軽んじてはならない。周囲にどんなメッセージを伝えたいかを徹底的に考えること。

服装や話し方、歩き方を助言してくれるイメージコンサルタントを雇うのもいいが、手本となる人物を見つけて、服装やしぐさ、話し方を見習うだけでも相当な効果がある。**鏡の前に立って問いかけてみてほしい。自分が達成したいことはなにか？　そのために必要な外見や印象を備えているか？**

美男美女である必要はない。生まれつきの容姿はどうでもいい。話し方など、自分をどうプレゼンするかだ。重要会議に臨むときは事前になにをどう伝えるかを周到に考え、議論がこじれたときでも落ち着いて対処する姿を見せつけること。

これは上層部との会議ではとくに重要だ。きみの提案を生かすも殺すも、プレゼンにかかっている！

私はPVHに入社してから数週間目に、ニューヨーク勤務の社員全員が集まる会合に出席し、そこで理想的な演説がどんなものかを思い知らされた。社長のスタンレー・ジレットが会社の現況についてスピーチする姿を目の当たりにし、威厳たっぷりの立ちふるまいと話術にひたすら感銘を受けた。ブルックリンから脱出してこなければ、百万年かかってもこんな人物には出会えなかっただろう。彼はメモを見ずに一時間話し続けた。私は完全に惹きこまれた。そして自分もあんなスピーチができるようになろうと決心した。

私は原稿を見ないで流暢《りゅうちょう》に演説する方法を学ぼうと決め、手本を探した。スタンレーのほかに、ラリー・フィリップス（ＰＶＨ創業者の孫）の魅力的な演説も見習った。プリンストン大学卒の彼にはしなやかな優雅さがあり、即興の名人だった――いや、即興と思わせる巧みさを持っていた。社内では、多くの社員が彼のあとに話すのを嫌がったほどだ。私も彼のあとに話す場面がよくあったが、巧みな演説を学ぶ機会だから喜んで引き受けた。

今では私も原稿なしで一時間演壇に立てる。「すばらしい演説でした。余裕ですね！」と褒められることがあるが、それは日ごろの努力と準備があってのことだ。原稿を何度も推敲し、手元の原稿を見ずに話す練習を演壇や鏡の前で繰り返す。話の構成や流れを確認するだけでなく、間の取り方まで実際にやってみる。完璧な準備をして初めて聴衆の前に立つのだから、余裕に見えるのは当然だ。

すぐれたプレゼンには、きみが想像するよりはるかに絶大な力がある。取締役会や役員会では、細部にも十分な注意を払わなければならない。ただし、正確な情報を並べるだけでは足りない。すべての情報をできる限り効果的かつ簡潔に組み立て、聞き手に合わせて理解しやすいように工夫する。そうすればするほど、提案に対する支持は得やすくなる。相手を説得できるか否か、それはプレゼンと準備次第だ。

きみは次の昇進に向けて自分をどう売り込むつもりだろう？

アドバイス

「周囲からどういう人間に見られたいか」を考え、そこから逆算して服や髪型や持ち物を選ぶこと。上層部に自分を売りこむには、きみが将来求めている地位にふさわしい服装を心がけること。それから、大勢の人に対して説得力のあるメッセージを伝えるプレゼン技術を磨くこと。

組織で成功できるかどうかは、他人からどう見られるかで決まると言っても過言ではない。「大事なのは中身だ」などという寝言は今すぐ忘れること。ファッション業界に限らず、ビジネスシーンでは、自分のプレゼンがすべてだ。

12 「真の顧客」に気づいた者がすべてを手に入れる

三四歳のとき、PVHのブランド統括部長に任命された。それまでは個別のブランドに特化したマーケティングを担当してきたが、このとき初めて、全ブランドを横断的に統括する責任者となった。

一緒に仕事をすることの多かった広報部長に教えられたことがある。

「マーケティングと広報宣伝で一番大事なのは、前例のない斬新なことをやってみせることだ」

そしてもうひとつ、私がいつも頭の片隅に留めている言葉がある。

「広告費の半分が無駄になるのはわかっている。わからないのは、どれがその半分になるかだ」

百貨店の名経営者、ジョン・ワナメーカーの名言だ。

マーケティングをひと言で表現するなら「ブランドの構築にかかわる一切の業務」だ。製品を売る立場にあれば、誰もがつねにこう考えている――ブランド価値を高めるにはどうすべきか？　より高いカネを払ってもらうには？　ロングセラーを育てるには？　競合ブランドに打ち勝つには？　つねに時代の先端を行くには？

マーケティングを成功に導くカギ――それは顧客を徹底的に理解することだ。

PVHの中核事業は紳士服だったので、われわれは男性顧客を想定したマーケティング活動を展開してきた。ここまでは当然のことだ。

しかし、会社のブランド価値を俯瞰して考える責任を与えられ、広報とマーケティングのトレンドについて勉強してみると、疑問がわいてきた。

従来の考え方はほんとうに正しいのか？

私は、広告を出稿している雑誌社と新聞社をかたっぱしから訪ねて話を聞くことにした。男性誌だけでなく、『ヴォーグ』や『ヴァニティ・フェア』『エル』『ハーパーズ・

バザール』など、主要女性誌の編集者からも意見を聞いた。

驚きの事実を知ったのは、『ヴォーグ』の編集者と話していたときのことだ。なんと、男性のシャツのおよそ七割が、女性によって購入されるか選ばれているのだという。**実際の顧客は、大半が女性だったのだ。**

にもかかわらず、われわれメンズブランドの関係者は、男性誌や新聞のスポーツ欄にばかり広告費を注ぎ込んでいた。顧客がそこにいると思い込んでいたのだ。

私はその場で決めた。今シーズンの広告予算はすべて女性誌に投入しようと。

男性顧客を対象としたビジネスなのに、全予算を女性誌に使う？　極端すぎる発想だったが、これが大当たりした。この戦略が功を奏したこともあり、ＰＶＨは初めて売上一〇億ドルの壁を突破した。

その後、われわれの戦略転換はほかの企業にも影響を与え、今では女性誌にメンズファッションの広告を載せるのは一般的になっている。

商品を選んで購入する顧客は、その商品を実際に使う人とは限らない。今となっては常識だが、当時は目からうろこが落ちるほどの大発見だった。

この功績を称えられ、私は『アドバタイジング・エイジ』誌からクリエイティブで革新的な業績を上げたトップ一〇〇人に選ばれた。

女性誌に広告を掲載すると、各誌がわれわれの商品ラインに熱い視線を向けるようになった。一方で、広告を減らされた男性誌からの営業攻勢が活発になった。広告枠に競争原理が働くようになり、われわれは有利な立場を獲得した。ある女性誌に広告を出すと、ほかの女性誌が価格を下げるといった具合に力関係が逆転した。これこそ資本主義だ！

アドバイス

あらゆるビジネスの基本は「真の顧客を知ること」だ。できるビジネスパーソンは、ひとり残らずこの基本を押さえている。きみがそうなら、きみの組織は、業界のパワーバランスすら自社に圧倒的有利に逆転させることができる。そうなれば、自社内のパワーバランスがきみに有利に傾くことは言うまでもない。

13 「そこそこ」の成功をめざす者は、その程度の成功すらつかめない

あるとき、興味深いライセンス契約の話が舞い込んだ。相手は一代で億万長者になったかの不動産王、ドナルド・トランプだ。

そのころ、ドナルドは消費財ビジネスへの進出機会をうかがっていた。シャツ、ネクタイなどのメンズウエアの分野でブランドを確立しようとしていたのだ。

彼は全米最大の百貨店「メイシーズ」のCEOと関係を築き、メイシーズ側もトランプ・ブランドの生産に名乗りを上げるアパレル企業があるなら協力は惜しまない、という姿勢を見せていた。

そこで、ドナルドのライセンス事業責任者からPVHに連絡があった。

私も同席して話し合いに応じたが、第一印象としては、この企画に商売上のうまみは見当たらなかった。ドナルドの商品がなくてもPVHは困らない。また、競合他社がドナルドと手を組んだとしても、PVHにとって脅威にはなりえない。

さらに言えば、われわれはその数年前に、人気テレビ司会者のレジス・フィルビンがプロデュースする「レジス・フィルビン・ライン」を開発したことがあった。だが番組の人気が落ちるとともに売上も激減。ブランドは二年しかもたなかった。

ドナルドのブランドもすぐ廃《すた》れるだろう。

過去の経験を踏まえ、この共同事業の申し出は辞退することにした。

ところが後日、ドナルドのオフィスから電話がかかってきた。ドナルドが私に会いたがっているという。「お待ちしています」と応じたが、冗談だと思っていた。

翌日、ドナルド本人が現れた。

彼の存在感は圧倒的だった。ドナルドほど成功に貪欲な人間にはいまだ出会ったことがない。

ドナルドは実にフレンドリーで、どこまでもプロフェッショナルだった。

彼はまず自分の考えを説明した。

「トランプ・ブランドにとってメンズウエアは重要な資産になる。私の名前がついた商品なら男性消費者は飛びつくから、双方にとって利益のある話だよ」

それでも私は、すでに伝えた結論を繰り返した。

おもしろいことに、彼は私が断れば断るほど熱くなった。どんなに断っても一歩も退かない。

ドナルドがふと漏らした。

「きみほど強情な男には会ったことがないな」

「強情なのではありません。この契約が不要なだけです」

そして、レジス・フィルビンの一件を伝えた。トランプ・ブランドも同じだろう。

だが、ドナルドはこの主張も受けつけなかった。

「レジスとは仲がいいし、すばらしいエンターテイナーだとも思う。だが率直に言わせてもらえばブランド力には欠ける。その点、私にはブランド力がある。

私は最高の相手と手を組みたい。きみの会社はシャツのトップ企業だろ？　約束しよう、ドナルド・トランプのブランドは生き残る。一時的な流行で終わらせるつもりはない。建物やゴルフコースに自分の名前をつければいいって話じゃないんだ。**一貫した価値が伴わなければ、意味がない。**だからこそ私は最高の建物や最高のゴルフコースを求める。私が関わったものはすべておそろしく価値が高まっている。この契約に合意してくれたら、成功させるためになんでもしよう」

彼の主張にはすごみがあった。人柄にも信頼が置けた。

こうしてＰＶＨはドナルド・トランプ・ブランドのシャツとネクタイのライセンス契約を結んだ。

実際に、彼はほれぼれするようなやり方で自分の商品をアピールし、ＰＶＨとの約束を果たしてくれた。

だが私がもっとも感銘を受けたのは、ビジネスマンとしての彼の**圧倒的な情熱**だ。

契約には、ＰＶＨのオフィスビル内にドナルド・トランプの専用ショールームを設けることが含まれていた。といっても、六メートル四方の小さなスペースだ。ショールームのテープカットの日、私はドナルド本人に会いたいという社員一五〇人を招待し、ファッション業界紙の記者を呼び、記念撮影のために社内のカメラマンを待機させた。

当日。ドナルドは夫人とともに正装で現れ、その場にいた全員と気さくに握手をした。サインや記念撮影にもいやな顔ひとつせず応じてくれた。

ささやかな内輪のイベントだというのに、誰とでもフレンドリーに接している彼の姿を見て、私は訊かずにいられなかった。

「ドナルド、なぜそんなにまでしてくれるんです？」

すると彼はまっすぐ私を見つめてこう言った。

「勝ちたいからさ。勝つために必要なことはなんでもする」

結果的に、ドナルド・トランプ・ブランドは一〇年たった今日でもメイシーズで売られている。

彼は正しかった。私がまちがっていた。ブランドは生き残ったのだ。

彼の言うとおりだ。価値がなければ生き残ることはできない。

アドバイス

初めから「そこそこ」しか求めない人間は、その「そこそこ」さえも手に入れることはできない。そこそこの成功ではなく、圧倒的な成功をめざすこと。そこそこの価値ではなく、最高の価値を求めること。チャンスをうかがって、圧倒的成功を収めている人物と直に接すること。そうした人物ほど圧倒的な努力を重ねている。その姿に、きみも刺激を受けるはずだ。

14 「サンクコスト」をあきらめる勇気

ドナルド・トランプのライセンス事業は大成功を収めたが、大掛かりな契約にはリスクもつきまとう。ときには、チャンスを見送ることが最良の判断になることもある。

あるとき、クリスタル・ブランズという企業が破産し、売却されることになった。同社はスポーツウエアやコスチュームジュエリー、アクセサリーを主力商品とするメーカーで、傘下に「アイゾッド」「ガント」「モネ」といったブランドを保有していた。モネはコスチュームジュエリー市場で二一パーセントという驚異的シェアを占める、一億ドル規模のビジネスだった。販路は広く、コスチュームジュエリーの販売店には必ずモネが置かれていた。

PVHにはコスチュームジュエリーに関する知識はほとんどなかった。しかし、モネの市場シェアと利益率はおそろしく魅力的だったため、ＣＥＯと買収チームはモネを含むクリスタル・ブランズをまるごと買収しようと全力で動き出した。

クリスタル・ブランズ側は事業の切り売りを模索していて、まずはモネが売りに出された。

このころ、私はＰＶＨの副会長に就任していた。ＣＥＯはこの買収を実行するかどうかは私の判断次第だと強調した。

「マーク、この件は任せる。買収したら全事業の指揮をとってもらうつもりだ。きみが関心を持てる事業なら、リスクを洗い出して、この買収を進めるべきか意見を聞かせてくれ」

もちろん、企業買収を行うときはひとりで決断するわけではない。在庫管理、製造、ＩＴ、デザイン、広報、営業、マーケティングなどさまざまな分野から経験豊かなメンバーをつのってチームをつくり、対象企業をあらゆる面から評価する。

このときも数カ月かけて、クリスタル・ブランズの全事業を入念に調べた。

誰もがこの買収は朝飯前だと思っていた。

実はこのとき、われわれは危うく集団思考の罠に陥るところだった。**大勢が集まってひとつの方向に向かおうとするとき、人は集団思考に惑わされやすくなる。**任務に集中しすぎると警告が発せられても気がつかず、任務の達成こそが至上命令だと錯覚してしまうのだ。

デューディリジェンス（M&Aなどの際、投資対象の財務状況などを精査すること）を進めるチームは、会長をはじめ経営陣が買収に積極的であることを知っていた。そのため最初から、未知の事業経営を実現することが目的になっていた。

破産裁判所での入札期限が週明けに迫っていた金曜日、CEOが私に耳打ちした。

「PVHの未来はこの買収にかかっている。多額の投資をしようとしているんだ。買収が成功するという一〇〇パーセントの自信があるんだろうな？」

それまでのデューディリジェンスによって自信を得ていた私は請け合った。

「心配はいりません。準備は万全です。この会社を経営する準備はできています」

この数カ月のあいだ、私はモネの事業経営に関係した多くの人物に会って話を聞いてきた。

金曜日の夕方。デューディリジェンス・チームがクリスタル・ブランズを熟知する最後の人物との面会の場を調整していた。モネの経営にも携わっていた元社長だ。それまで互いの予定が合わず、この日ようやくPVHのオフィスで面会にこぎつけたのだ。

元社長は私より年上で、少しも遠慮のない鋭い人物だった。

椅子に座ると、さっそく彼が言った。

「おたくは女性向けのビジネスについてどの程度知っている?」

「ほんの少しです」と私が答えると、彼は眉を上げた。

「女性向けビジネスの実績がない、ということかな」

「ありません。われわれの得意分野ではないです。男性ファッションの会社ですから」

彼は信じられないと言わんばかりだった。

「それでどうやってジュエリービジネスに乗り出すんだ？」

そしてこう続けた。

「ジュエリービジネスは女性ファッション業界から見ても異次元の世界だ。女性ファッションが男性ファッションから見て異次元であるのとは比べものにならん。繊細なビジネスなんだ。そもそも、きみらがこの事業の買収を検討していること自体、理解できない。私にはまちがった判断としか思えんね」


よくまあ、そこまではっきり言えるものだと驚いた。

だが彼の話を聞いているうちに、不安になってきた。

そこで過剰在庫の取り扱いについて訊いてみた。過剰在庫はどの業界でも頭の痛い問題だ。余分な商品をつくって倉庫に積み上げたら、値下げするしかなくなって利益が圧迫される。それればかりかブランド価値にも傷がつく。在庫問題を放置したらビジネスは破滅に向かう。

在庫についての議論がどうもかみ合わないので、私はこう尋ねた。

「ところで、あなたがたは過剰在庫をどうなさっているんでしょう？」

彼は言った。

「一部は値引き販売ルートに流すが、大半は粉砕している」

いやな予感がした。

「粉砕？　どういう意味です？」

「過剰在庫品に売り物としての価値はない。そんなものは儲けにならん。だから粉々に砕いて処分したほうが手っ取り早いということだ」

私はいよいよ不安になった。危険な世界に足を踏み入れた気分だった。ブランド価値を守るために過剰在庫を廃棄処分するとは！

この面会が終わってすぐ、私はＣＥＯの自宅に電話をかけた。買収に向けて努力してきたが、もはや成功させる自信はなかった。

金曜の夜遅くだったが、そう伝えると、月曜日のクリスタル・ブランズの事業全体への入札は中止することですぐに話がまとまった。彼もなにか引っかかるものがあったのだろう。モネは見送り、ガントとアイゾッドについてのみ交渉を進めた。全額キャッシュで高値を提示し、最終的にそのふたつを買収した。

ビジネスでは取引のチャンスにめぐり合うことも多いが、ときには撤退する勇気も必要だ。踏み止まることが最良の経営判断になる場合もある。

あのとき、買収寸前まで検討を進めたが、われわれは幸いにも、土壇場になって自分たちが手を出してはいけないビジネスだと気がついた。その決断は正しかった。

アドバイス

計画を検討する際、いつのまにか「計画を実現すること」そのものがゴールにすり替わってしまうことがある。その計画を進めるべきではない理由が見つかっても、つい見逃してしまったり、「さんざん時間と労力を費やしてきたのだから、今さら引き返せない」と自分を納得させたりして、無理に進めてしまうのだ。

それまでに費やした時間や労力がどれほどであろうと、それによって判断を狂わせることがあってはならない。その費用は、「サンクコスト」(回収しようとするだけ無駄なコスト)としてあきらめること。

15 競争で大手を出し抜くには？

ＰＶＨはクリスタル・ブランズからアイゾッド事業を買収し、私はその経営とＰＶＨへの統合を任された。

約三〇年にわたり、アイゾッドはフランスのラコステからライセンスを受けたワニの商標で広く知られ、「アイゾッド／ラコステ」というダブルネームで呼ばれていた（ちなみに、ラコステがアイゾッドにダブルネームを認めたのは、マーケティング史に残る失策と言われている。ハーバードビジネススクールの事例研究でも取り上げられたほどだ）。

クリスタル・ブランズの経営が傾いたとき、資金繰りを改善するために商標の持分権はラコステに売却された。そのため、ＰＶＨがアイゾッドを買収した時点では、ワニの商標はラコステの単独所有となっていた。

アイゾッドは混乱のさなかにあったわけだが、そのブランド力を生かせばなにか刺激的なことができそうだという期待があった。当時、アイゾッド買収はPVH史上最大の冒険であり、CEOと取締役会からは、この事業の成功は私にかかっているとハッパをかけられていた。

初年度はさばききれないほどの注文が殺到した。一年が経過した時点で数値目標を達成し、ビジネスは波に乗っていた。だがそうは言っても、当時アイゾッドは三つの超大手スポーツブランドと競合していた。われわれは厳しい競争のなかで生き残る道を探る必要があった。

ゴルフの世界では、アイゾッドは言わずと知れた有名ブランドで、従来の事業とは勝手がちがうことも多かった。私はゴルフについてほぼなにも知らなかったが（ブルックリン育ちはゴルフなどしない）、スポーツウエアの統括責任者である以上、ゴルフの勉強が欠かせなくなった。

私が最初に知ったのは、そのころ米国では、ゴルフウエアの大半がカントリークラブ内のプロショップで販売されているということだった。

そこで私は商品展示会に出かけた。

展示会場を歩いていると、同行していたアイゾッド事業部長が急に立ち止まり、アイゾッドのブースの入口を指さした。

「あの男を見てください。なにしに来たんでしょう？」

目をやると、黒い髪を長く伸ばした風変わりな男が立っていた。

伝説的ロックスター、アリス・クーパーだ。

ロックスターがこんなところにいるのがあまりにも場ちがいで、話しかけてみたくなった。

「こんにちは、マーク・ウェバーと申します。なにかお手伝いしましょうか？」

アリスはゴルフ好きだった。ゴルフに打ち込むことで薬物依存症を克服したのは有名な話だ。

この展示会に来たのは、自ら主宰する若者の非行防止チャリティ基金のスポンサーを探すためだという。基金では毎年、有名人を集めたゴルフ・トーナメントを開催し、活動資金を集めていた。

そしてこのトーナメントには、約百人のスタッフのユニフォームと、参加者に配るお土産を提供してくれる企業が必要だった。


「スポンサーを探してるんだ」

アリスがそう言うと、私は迷わず言った。

「わかりました。引き受けましょう」

「わかってないな。こいつは大ごとなんだよ」

「大丈夫です。任せてください。私はこの会社（アイゾッド）の社長ですから」

しばし沈黙が流れた。信じられないといった表情で、アリスは私の顔をまじまじと見つめた。

「任せてください。すぐにはじめましょう。トーナメントはいつです？」

アリス・クーパーとのコラボレーションが始まった瞬間だ。

私がこの話に乗ったのは、基金の目的に賛同したこともあるが、アリスが典型的なゴルファーとは正反対のタイプだったからだ。

ゴルフウエア業界を牛耳るナイキやアディダスのような巨人に、ＰＶＨが真っ向から勝負を挑んでも勝ち目はない。だからこそ、趣向のちがったクールなゴルフウエアを求める若年層をつかむアイディアが必要だった。

アリス・クーパーといえども、ゴルフをするときにはゴルフシャツを着る。アリスの知名度が市場開拓のきっかけになるはずだ。

それから九年間、ＰＶＨはアリス・クーパーのゴルフ・トーナメントのスポンサーを務め、ゴルフ業界での売り込みに成功した。

ほかのアパレル企業のやり方は、プロゴルファーと契約して自社のロゴ入り帽子をかぶらせるというものだ。たとえば当時、ナイキなどの業界大手は、帽子をかぶってもらうために二五万ドルから五〇万ドルもの契約金を払っていた。また、プロゴルファーは自分が着用するシャツやズボンなどを大手メーカーに「場貸し」して、スポンサー料を稼いでいた。それがスポーツマーケティングであり、ゴルフ業界の常識だった。

ＰＶＨが同じ手段で対抗できないのは明らかだ。その方法でウエアが売れるとも思えなかった。そこでセレブが集うゴルフ・トーナメントを利用して市場を開拓し、アイゾッド・ブランドへの注目を集めるきっかけにしたのだ。

アイゾッドのロゴマークをあしらった洒落たゴルフシャツやウィンドブレーカー、セーターを有名人に配り、一流カントリークラブで着てもらう――それが私の戦略だった。

著名人とアイゾッド・ブランドを結びつける常識破りの方法だ。

そのあとは快進撃だった！　費用対効果はすばらしく、映画業界や音楽業界をも巻き込み、アリスの基金にも貢献できた。

それからというもの、私は有名人のチャリティ・トーナメントでスポンサーになるチャンスを探した。アリスのマネージャーに連絡を取り、ハリウッドスターのマイケル・ダグラスを紹介してもらった。マイケルのトーナメントにはいつも超一流のセレブが招待される。ある年にはシルヴェスター・スタローンやクリント・イーストウッドなど、世界的な著名人が何人も顔を揃えた。

われわれのスポンサー活動は徐々に拡大し、ＰＶＨでは今でも多くの有名人に商品を着てもらうマーケティング方法を続けている。

アリスのトーナメント以外はすべてテレビ中継されるため、アイゾッドのロゴ入りウェアを着用してもらえれば幅広い視聴者の目に留まる。

このプロモーションには圧倒的な効果があった。しかも最小限の費用でＰＶＨの知名度を飛躍的に上げることができたのだ。

こうしてアイゾッドは、ハリウッドスターに愛されるブランドになったのである。

アドバイス

熾烈な競争に直面したときは、従来とはまったくちがう戦法を考えること。多勢が進む方向とは逆を行くのが有効だ。大きな成果につながるのは、大抵、直感に反するようなアイディアである。

16 朝令暮改をためらうな

ＰＶＨは大企業になっていた。経営体制も事業内容も盤石。大きな利益を上げていた。しかし成長は鈍っていた。ビジネスに活気はあったが、毎年の売上の伸びは二～五パーセントのあいだに留まっていた。上場企業として、この程度の成長率では株主が納得しない。実際に株価は低迷し、われわれは企業価値を高める努力を迫られていた。

このとき、私はＰＶＨの取締役社長だった。事態の打開は私の肩に大きくのしかかっていた。

抜本的な経営改革案を検討するうち、買収候補として数社に目星をつけた。

そのひとつが倒産したばかりのワーナコだ。われわれは、ワーナコ買収の検討に取りかかった。

ワーナコはカルバン・クラインがライセンスを与えた企業のなかでは最大の事業規模を誇っていた。経営が行き詰まり、企業再建専門のコンサルティング会社の主導で売却が進められていた。

ワーナコは「カルバン・クライン」の下着とジーンズ、水着を扱う「スピード」をはじめとするいくつかのブランドで商売をしていたが、ＰＶＨが興味を抱いたのは、高い価値があると思われたカルバン・クラインの事業だけだった。

「撤退が最良の判断になることもある」という言葉を思い出してほしい。この件がまさにそうだった。

デューディリジェンスを開始し、ワーナコについて詳しく調べていくと、人づての情報だけで判断していた印象とはちがい、よい面が見えてきた。倒産はなにか不幸な事情が重なったのかもしれない。

私はワーナコの各部門のマネージャーに会い、さまざまな質問をした。市場シェアは？　販売チャネルとの関係は？　店舗での顧客や取引先の手ごたえは？　どの質問に対する答えも明確で、この時点ではおもしろい買収になりそうだと思えた。

その勢いに歯止めがかかったのは、カルバン・クラインとの関係について尋ねたときだ。カルバン・クラインはブランドの所有者としてクリエイティブ面のすべてを管理しているため、両社の関係は重要なポイントだった。

ところがワーナコの誰に訊いても、みな口を揃えて、「あの狂信的な連中」の相手は容易ではないと答えるのだ。どうやら、ブランドに対するカルバン・クラインの情熱は並大抵のものではないらしい。

「たとえば、黒のタートルネックをつくりたいと提案しても、向こうが『パープルだ』と言えば、パープルしかつくれないんです。絶対に黒が売れるとわかっていてもね！」

私はこの話をいつまでも忘れないだろう。

カルバン・クラインがブランドイメージとポジショニングを厳しく管理するとなると、PVHがワーナコを買収した場合、われわれのライセンス事業は極めて不安定なものになる。カルバン・クラインの流儀は尊重するし、その「狂信的」な姿勢にも感服するが、われわれの大きな事業部門について外部からあれこれ強制されることは避けなければならない。

さて、どうしたものか。

思案していると、ＰＶＨ取締役のピーター・ソロモンが言った。

「ワーナコではなく、カルバン・クラインを買ったらどうだ?」

ライセンサーとしてのカルバン・クラインが手ごわいのなら、倒産したワーナコではなくカルバン・クラインを買収し、全権利を手に入れればいい。「牛乳をただで手に入れたければ、牛を買え」というわけだ。なんとも大胆な発想だ!

われわれはカルバン・クラインに狙いを定め、買収を成功させた。

カルバン・クラインは非上場企業で、クライン氏と共同経営者のバリー・シュワルツが株主だった。

事業にはふたつの柱がある。自社で商品企画をする事業と、莫大な収益をもたらすライセンス事業だ。

たとえば、ワーナコはカルバン・クラインのブランドで販売する下着だけで当時年間四億ドルを売り上げ、カルバン・クラインにはそれに対するロイヤルティ収入が支払われていた。そのほかにも、ワーナコは「カルバン・クライン・ジーンズ」を年間五億ドルも売っていた。

当時の発表によれば、カルバン・クラインには年間で総額一億ドルのロイヤルティ収入があり、ライセンス契約先の管理体制も整っていた。

われわれがカルバン・クラインを買収したら、これらすべてが手に入る——。

買収提案をした時点で、カルバン・クラインは売却対象ではなかった。だが幸運にも同社の経営者の少なくともひとりが売却に興味を示し、他社も参加したため競争入札となった。ＰＶＨはその入札に勝ち、カルバン・クラインを手に入れたのだ。

およそ三カ月の交渉のあいだ、ブルースとＣＦＯは買収資金の調達に奔走し、社長兼ＣＯＯだった私はカルバン・クラインの経営について研究した。買収が成立した時点で事業をすべて把握していたかった。そこで、新事業の立ち上げ準備をし、ライセンスすべきもの、変更または廃止すべき事業や機能をあらかじめ検討し、買収後の事業戦略と目標を設定した。

カルバン・クラインのブランド力は絶大だが、非上場企業だ。上場企業であるPVHとしては、大幅な合理化と事業拡大、健全な成長戦略が求められる。
われわれはその課題をすべてクリアし、大きな成功を収めた。

当初の計画どおりワーナコを買収していたら、会社の変革のきっかけにはなっても、満足のゆく結末を迎えられなかっただろう。カルバン・クラインの鉄壁の管理体制を考えれば、経営リスクが大きすぎた。それが方針変更の決定的要因になったのだ。

アドバイス

14章で「当初の計画を実現することにこだわりすぎるな」と説いたが、ここでも言わせてほしい。

今はとかく「ブレないこと」「首尾一貫していること」がよしとされる時代だ。だが私に言わせれば、ビジネスにおいてそれはまちがいだ。会社にとっての至上命題は「利益を上げること」であり、「首尾一貫していること」ではない。首尾一貫しているせいで会社が損失をこうむるなら本末転倒である。当初の計画に水を差す事実が判明したなら、方針変更ををためらうべきではない。

17 成功の大きさは、他人を助ける度合いに比例する

前項ではリスクを察知したら撤退しろと言ったが、チャンスを察知して歩み寄ることも同じくらい重要だ。

アイゾッドの買収後、私はプライベートでもゴルフにはまり、定期的にプレイするようになった。

最初のうちは公共コースでプレイしていたが、予約が取れないのが面倒で会員制のクラブに入会した。

初めてクラブに足を運ぶと、周りは友人やビジネスパートナーと一緒の会員ばかりだった。仲間のいない私は、更衣室でシューズを履きながら居心地の悪さを味わっていた。

ひとりの男が声をかけてきたのはそのときだ。

「見た顔だな。マーク・ウェバーだね？」

私も愛想よく挨拶し、なぜ私を知っているのかと訊いた。

「もちろん知っているさ。私もアパレル業界の人間なんだ。私はジーン・ロスコフ。コンサルティング会社を経営している。きみの活躍は聞いてるよ。そのうち一緒にプレイしよう」


はるかに年長の彼から声をかけてもらったことを光栄に感じた。彼にしてみればなんの義理もないというのに。

翌週、われわれはプレイを楽しんだ。

仕事の話になり、ジーンがライセンス契約のほか、企業買収などの大がかりな案件の仲介を専門としていることを知った。彼はＰＶＨによるカルバン・クライン買収のことも知っていて、こう言った。

「力になれることがあったらなんなりと」


それから数カ月のあいだ、ジーンと私はビジネスの可能性について何度も意見を交わした。しかし、カルバン・クラインにはライセンス網が確立されていて、ジーンの力を借りるには及ばなかった。そこで、私やＰＶＨが知らない領域で可能性を探ってもらえないかと依頼した。

そして紹介されたのがサミー・アーロンだった。彼は主にアウターウエアを生産する非上場企業の経営者で、「セントジョン」のライセンス生産などを手がけていた。カルバン・クラインのアウターウエアのライセンス事業について、サミーと協議してはどうか、というのがジーンの提案だった。

サミーと話をしてみると、この業界で成功するだけのことはある立派な人物だとわかった。

ひと月後、カルバン・クラインのアウターウエアのライセンス先企業が倒産の危機に追い込まれる事態が生じた。この会社の社長に状況を訊いたところ、深刻な資金難に陥っていることがわかった。

私はカルバン・クラインのライセンスを放棄してくれと頼んだが、この社長は応じなかった。財務を立て直せば再建できると彼は考えていたのだ。

彼を助けたい気持ちがなかったわけではないが、破産法の法的手続きに入ったらどうなるかは目に見えていた。破綻した会社からライセンス契約を引き取るのは恐ろしく困難になる。

私はすぐにジーンに電話した。

「サミーがまだカルバン・クラインのライセンス事業に興味を持っているか、大至急、確認してもらえませんか？　ライセンス料ですが、契約金一〇〇万ドルと年一〇〇万ドルの五年契約でいかがでしょう。なんとか一時間以内に返事をいただきたい。それからもうひとつ厄介なお願いなのですが、現在のライセンス企業の元社長を雇ってもらいたいのです。このビジネスに未練があると言うものですから」

四五分後、ジーンとサミーから電話があった。

「契約金一〇〇万ドルで合意します。こちらでライセンスを引き継ぎましょう。元社長はとりあえず当社で引き受けます」

こうして話はまとまった。

きみにもこの先、すばらしい出会いが待っているかもしれない。だからこそ積極的に外の世界に踏みだして心を開き、人脈を広げてほしい。その先にはきっとよいことが待ち受けている。

とはいえ、こんな声も聞こえてきそうだ。

「自己紹介をする機会は毎日あるし、名刺も渡しています。会った人には親切に助言もしています。でも、それが報われたことなんかありませんよ」

私もこれまで失望させられたことや、期待を裏切られたことが何度あったかわからない。

しかし、すばらしい関係を築ける相手がいるのもまた事実だ。

あのときゴルフ場で、私は新しい友人ができたとしか思わなかったが、ジーンはさりげなく自分の事業について話し、いつでも協力は惜しまないと言ってくれた。そして数カ月後、ジーンはその言葉が真実だと証明してみせたのだ。

カルバン・クライン関連のライセンス事業のうち、一〇億ドル近くの商談をまとめたのは、ジーンだった。そのきっかけはゴルフクラブでの出会いだ。あの日、ジーンから話しかけられなければどうなっていただろう？

成功者は他人への協力を惜しまない。立場が上になればなるほどそうだ。

私もそうあるよう心がけている。他人から協力を求められたら最大限の努力をする。助けを求める人は本気で困っている。とくに仕事がない人は切羽つまっている。他人を助けることができる立場にあるなら助けるのが、有意義な人生の使い方ではないか？

アドバイス

公私を問わず、できるだけ多くの人と交流すること。仕事でも人生でも、思いがけないチャンスはつねに人づきあいのなかから生まれる。また、他人のために骨を折ることは、長期的に見れば自分のためになる。みずから進んで行うこと。他人のために尽くす度合いと、その人が手に入れる成功の大きさは比例する。ほんとうにそうなのだ。

18 CEO、クビになる

カルバン・クライン買収後のPVHは飛ぶ鳥を落とす勢いだった。カルバン・クラインの事業を発展させ、株価は上昇し、PVHの将来はバラ色——。

CEOのブルースが引退すると言い出したのは、そんな絶頂期のことだった。

私は入社初日にブルースの野心を知ったわけだが、彼はそれを実現した。そして、彼とともに歩んできた私も、社長に任命されてから六、七年がたっていた。取締役にも就任し、PVHのナンバー2の座にあった。三〇年以上も力を合わせてきたブルースが引退したら、私の将来は思い通りにはいかないかもしれない。

もしも会社からCEOに任命されなかったら、そのときは自分も辞めようと思った。

それをブルースに話すと、彼らしい言葉が返ってきた。

「会社がお前を次のＣＥＯにしなかったら、会議室で大暴れしてやれ。それで解雇処分を食らって割増退職金をもらえばいい」

「なにを言うんだ。三〇年間やってきたのに、そんなのあんまりだろ！」

会社と自分の将来について悲観的なことばかり考えても仕方ない。私は前向きになろうと心がけた。

ブルースは私のために、取締役会のなかの報酬委員会と交渉してくれた。自分の引退後、私が次期ＣＥＯに指名されない場合は、私もブルースとともにすみやかに退職できるように話をつけてくれたのだ。その結果、私の雇用契約に修正条項が加えられた（ふたり一緒に夕日のなかに消えていく、ある映画の一場面を思い描き、われわれはそれを「サンセット条項」と呼んだ）。

取締役会は私をＣＥＯには指名しないだろうという思いもあったので、これで少し安心した。私の希望を受け入れてくれた取締役会の寛大な措置には感謝した。

取締役のなかには私の貢献を認めてくれる役員もいたが、不愉快に思っている役員のほうが多かった。私はブルースとはタイプがちがう。私は商品やマーケティングを重視して実績を積み上げてきたが、このふたつは彼らの重視するところではなかった。私が最年少で事業部の責任者になったのは、ライバルたちが私のことを歯牙にもかけていなかったからだ。見くびられていたおかげで出世競争の足の引っ張り合いに巻き込まれず、悠々と進撃してきた。

ブルースはカルバン・クライン買収の成果を見届けると、引退を決めた。

「マーク、取締役会はお前を次期CEOに指名するはずだ」

だが、指名委員会の長を務める取締役から、CEO就任にあたっては面接が必要になると告げられた。

私はこう伝えた。

「三〇年間働いてきたのですから、私がどんな人物かはご存じのはずです。ほかにも候補者を立てるつもりなら私は辞退します。『サンセット条項』に従って去ります。もちろん私もCEOになりたいという気持ちはあります。会社が留まれというなら、私をC

ＥＯに推薦してください」

取締役会によると、彼らは私に留まってほしいと考えているが、新しく施行された法律に従って、ＣＥＯ交代時には取締役会の決定の透明性を証明しなければならない。次期ＣＥＯを内部から指名する際には、特段の説明責任が求められる、ということだった。

面接は苛立たしいものだった。取締役たちからの質問は、私の職歴や現在のポジションにいたった経緯など、今さらながらの質問ばかり。三〇年間ＰＶＨで働き、社長と取締役を七年間務めてきたにもかかわらず、彼らはなんと、私の経歴をほとんど知らなかった。

取締役会が会社にとって最善のＣＥＯを望むのは当然だ。人事決定に関する義務を果たそうとしているのも理解できる。だから悪くは思っていない。

それでも、ＰＶＨひとすじに働き、長いあいだそれなりの地位にいた私の経歴を取締役たちが知らないというのはあまりにも残念だった。

面接が終わると、報酬委員会との契約交渉に入った。私はまず、一一年間務めた前CEOのブルースと同水準の報酬を望むつもりはないと伝えた。相手からも公正な内容が提示されるだろうと考えていた。

しかし、交渉が長引くと、話はだんだん不愉快な方向に進展した。

私の代理人も首をかしげた。

「マーク、どうもおかしい。後任のCEOに対してこんな態度は初めてだ。外部からCEOを迎えるときは、未知数の部分があるから交渉は複雑になる。でもきみの場合はPVHで長年数々の貢献をして地位を築いている。なのにあれは、次期CEOとしてきみを歓迎する態度じゃない」

あとから振り返れば、このころから歯車が狂い始めていたのだ。

報酬額については、結局私が妥協するかたちで落着した。

「これでは埒があかない。報酬についてこれ以上の議論は不毛です。そちらが納得できる金額でかまいません。ただし、私が将来退職した場合の競業禁止条項を削除すること、それから現在の『サンセット条項』に規定されている退職金の額を増やしてもらうことが交換条件です」

手続きはふた月もかかり、ようやく私のＣＥＯ就任が決定した。

取締役会の選任を受け、正式な「交代」は翌年の年次株主総会で決議されることとなった。私はブルースからの引き継ぎを進め、実質的にＣＥＯとしての執務を開始した。

翌二〇〇五年六月、ついに年次株主総会を迎えた。

議案の決議が終わると、ブルースが立ち上がり退任の挨拶を始めた。ＰＶＨで追いかけてきた夢を語り、ＰＶＨは自分の誇りだと述べた。みごとなスピーチだった。

「長年の仕事のパートナーであり、すばらしく有能なマーク・ウェバーに後を引き継ぐことを心から嬉しく思う」

彼はそう言って締めくくると、私にマイクを渡した。

ところが私のスピーチが終わると、取締役たちは無言で立ち上がり、役員室に引き揚げていった。誰ひとり、私に言葉をかけることも、握手を求めることもなかった。

私は明らかに避けられていた。

それでも私は自分の仕事に没頭した。しかし翌年の初め、取締役会とのあいだに決定的な溝ができてしまった。

上場企業であるＰＶＨのＣＥＯとして、私はできる限り取締役会の意向を聞かなければならない。しかし、業績が好調で収益も増加していたこともあり、取締役会とのコミュニケーションが疎《おろそ》かになっていた。

彼らが私を追い払おうとした理由について、私はなにも知らない。

彼らが望むようなコミュニケーションを取らなかった点で、私にも責任があるのだろう。あるいは、ブルースの威光や存在感に比べたら、ナンバー２の私などものの数ではなかったのかもしれない。

そして私はＣＥＯを解任された。

理由はわからない。

最初から疎外されていたから、こういう結末にも驚きはしなかったが、愉快ではなかった。しかも社外で解雇を言い渡されたため、オフィスに戻ることさえできなかった。

こうして私のPVHにおける三三年の人生は幕を閉じた。

この解雇について私は公の場で発言したことはない。取締役会も後任のCEOも、私の知るかぎり口を閉ざしている。

奇しくもその日、PVHは業績予想を上方修正し、経営が好調であることをウォール街に印象づけた。

CEO就任時の契約から、退職後の競業禁止条項を削除してもらったのは賢明だった。だが、これからどうすればいいだろう？　こんな事態は初めてだった。

仕事を失ったこともなければ、解雇されたこともない。降格されてもそのたびに復活してきたが、今回ばかりは待ったなしの状況だ。一五歳でアルバイトをはじめてからずっと働いてきた。まさかこの歳になって就職活動をすることになるとは夢にも思わなかった。

私はキャリアを失った。

この先どうなるのか見当もつかなかった。

アドバイス

このような困難な状況に放り込まれたら、なには置いてもまず、きみ自身を徹底的に肯定すること。気持ちを落ち着けて、それまでの自分の実績を心から祝福することだ。仕事は奪われても、能力までは奪われないのだから。

PART 2

挫折を乗り越える

19 人間の真価は「どん底での行動」で決まる

「人の成功を計るものさしは、頂点に立ったときになにをするかではない。どん底を経験したあとでどれだけ這い上がれるかだ」

三〇年以上も勤めた会社から追い払われたとき、心の支えになってくれたのは、陸軍大将ジョージ・パットンのこの言葉だった。

私はクビになったことを冷静に受け止めたが、社員の多くは衝撃を受けたようだ。雑用係からCEOにまで昇進したことや、PVHで発揮した手腕について知らない社員はいなかった。親切なメールを送ってくれた人は大勢いて、それらのメールは今でも大切に保存している。

それでも周囲の反応はぎこちなかった。それは人間の本質を知るよい機会でもあった。解任された最初の週は悪夢だった。信頼していた人、親しくしてきた人、助けてくれると思っていた人に電話をかけたが、ことごとく避けられた。かつての友人たちから腫れ物のように扱われるのはいたたまれなかった。

少し親しくなったヘッドハンターからはこんなことを言われた。

「雑音がうるさいでしょう。半年ぐらい身を隠したらどうです？」

勘弁してくれ！　人生もキャリアもあきらめたわけじゃない。

大手上場企業の要職にあった当時の私は、各方面から引っぱりだこだった。ところが一夜にして、誰もが手のひらを返したように冷たくなった。なんたる屈辱だ。あらゆる悲観的な感情がわきだした。自宅の書斎に引きこもり、将来を憂いて涙を流したこともある。だが、「ここで終わってたまるか！」と自分を奮い立たせた。

解任劇のあった週末の金曜日、会社は証券取引委員会に対して法定の必要書類を提出した。それは上場企業の役員人事について要求される書類で、私は取締役会によって解任されたが、私についてなんら不正行為はなかったこと、退職金は契約に従って支払われることが記載されていた。私が清廉潔白だと公の文書で宣言されたのだ。

これで胸を張って前進できる環境が整った。

まずはなにから手をつけよう？

三月になり暖かくなってきたので、家族と旅に出かけたり、ラスベガスでゴルフを楽しんだりした。このまま引退しようかとも思ったが、すぐに考え直した。私には輝かしい実績がある。一部の人間からＣＥＯには不適任だと烙印を押されたからといって、自分のキャリアに終止符を打つ気はない。

そうだ、引退などするものか。復活してまたおもしろいことをやってやる。

そうは言っても簡単なことではない。大学を出て以来、就職活動などしたことがない。もちろん解任――あるいは公開処刑――されたのも初めてだ。ＣＥＯがクビになったところで同情してはもらえないだろうが、どんな役職であれ仕事を奪われるのは愉快ではない。

考えたあげく、会社の経営戦略を立てるのと同じように、自分のキャリア戦略を立てることにした。

まず三つのリストをつくった。あらゆる友人知人のリストと、助けを求めれば誰かを紹介してくれそうな人のリスト。最後に興味のある企業のリストをつくり、これらの情報のあいだに接点がないかを考えた。

そして猛烈に電話をかけまくった。三〇日で三〇年分の電話をかけた。羞恥心などかなぐり捨て、片っぱしからかけまくった。

かつての自分なら考えもしなかった選択肢も視野に入れた。ナンバー2のポストに空きがないかも探った。現職のCEOにも電話をかけ、ナンバー2の地位から信頼と実績を築いてやがて頂点に立つという選択肢も考えた。ヘッドハンターにも、CEO職が希望だが、ナンバー2の職位であっても積極的に検討したいと伝えた。

過去に接触のあったヘッドハンター全員に電話をした。PVHにいたころ、ヘッドハンターから引き抜きの話を持ちかけられたこともあるが、PVHが好きで仕事に満足していたから話を聞くことはなかった。だがもう解禁だ。

自分が適任と思える仕事を選んで、手当たり次第に連絡を取った。あえて優先順位はつけなかった。

誰かから訊かれたことがある。

「どうして優先順位をつけなかったんです？　いちばん行きたい会社に最初に電話して、縁がなければ第二希望、という具合に」

そういう考えが頭に浮かばなかったのだ。私はあらゆる可能性に対してオープンでいたかった。チャンスはどの扉の向こうにあるかわからない。もちろん、不安がなかったと言えば嘘になるが。

手当たり次第に電話をしたとは言っても、最初のチャンスに飛びつくつもりはなかった。可能性を探すことが楽しかったし、この機会に学べることはすべて学び取りたかった。

世の中を知り尽くした大勢の人たちから、解任はキャリアの汚点ではないと励まされた。あのスティーブ・ジョブズだってアップル社から解任された。メジャーリーグの監督も契約を打ち切られて、ほかのチームで大活躍することがある。

これまでずっと、自分の人生は自分で舵《かじ》を取ってきた。憂鬱になるのは仕方ないが、とにかく人に会って話をしようと思った。

行動あるのみだ。

アドバイス

「人の成功を計るものさしは、頂点に立ったときになにをするかではない。どん底を経験したあとでどれだけ這い上がれるかだ」。冒頭に掲げたパットンの言葉は千金に値する。失業や挫折に直面したら、立ち直るためにさらに賢く努力すること。友人知人全員に電話をかけ、力になってくれる人を見つけること。ただし、最初に来た話に飛びついてはいけない。自分にふさわしい話が来るのを待つこと。

20 限界状況での拠り所は「自尊心」

職探しを始めてから三カ月。私は引き続き人脈を広げ、面接を受け、投資の機会をうかがっていた。ファッション業界専門の広告代理店に出資するか、丸ごと買収することも検討していた（ここまで読んだきみならわかるだろうが、私が情熱を感じる分野だ）。ファッションブランドだけでなく、ヘッジファンドやデザイン企業の仕事も検討した。週に二、三回はまるまる一日使って人に会うようにした。

ようやくトンネルの先に光が見えてきた。

ある日、なんの気なしに自宅のパソコンで『ウィメンズ・ウエア・デイリー』のオンライン版を眺めていると、興味深い見出しが目に留まった。

「CEOを見つけられない高級ブランド」

「そりゃ的外れなところばっかり探してるからだろ！」

そう叫んでから思わず吹きだしたが、興味も覚えていた。

記事にふたりのヘッドハンターの名前が載っているのを見つけると、ますます気になった。ひとりはイタリア、もうひとりはニューヨークにいるようだ。


まずはイタリアのヘッドハンターに電話した。

『ウィメンズ・ウエア・デイリー』で、高級ブランドのCEOが見つからないという記事を読んだのですが。私はマーク・ウェバーといって、ある上場企業の社長兼CEOをしていました。今、仕事を探していまして。ぜひお話ししたいのですが」

彼女はこう言った。

「お電話ありがとうございます。ちょうど『マーク・ジェイコブス』のCEOを探しているところなんです」


経歴を教えてほしいと言うので伝えると、彼女は尋ねてきた。

このたびは飛鳥新社の本をご購入いただきありがとうございます。

今後の出版物の参考にさせていただきますので、以下の質問にお答えください。ご協力よろしくお願いいたします。

■この本を最初に何でお知りになりましたか
1.新聞広告（　　　　　　新聞）　2.雑誌広告（誌名　　　　　　　　）
3.新聞・雑誌の紹介記事を読んで（紙・誌名　　　　　　　　）
4.TV・ラジオで　5.書店で実物を見て　6.知人にすすめられて
7.その他（　　　　　　　　）

■この本をお買い求めになった動機は何ですか
1.テーマに興味があったので　2.タイトルに惹かれて
3.装丁・帯に惹かれて　4.著者に惹かれて
5.広告・書評に惹かれて　6.その他（　　　　　　　　）

■本書へのご意見・ご感想をお聞かせください

■いまあなたが興味を持たれているテーマや人物をお教えください

※あなたのご意見・ご感想を新聞・雑誌広告や小社ホームページ上で
1.掲載してもよい　2.掲載しては困る　3.匿名ならよい

ホームページURL http://www.asukashinsha.co.jp　　出世の極意 2015.07

郵 便 は が き

52円切手を
お貼り
ください

1 0 1 - 0 0 0 3

東京都千代田区一ツ橋2-4-3
光文恒産ビル2F

(株)飛鳥新社　出版部第一編集

『ルイ・ヴィトン元CEOが教える
出世の極意』
読者カード係行

フリガナ ご氏名	性別　男・女 年齢　　　歳
フリガナ ご住所〒 TEL　　　(　　　)	
ご職業 1.会社員　2.公務員　3.学生　4.自営業　5.教員　6.自由業 7.主婦　8.その他(　　　)	
お買い上げのショップ名　　　所在地	

★ご記入いただいた個人情報は、弊社出版物の資料目的以外で使用することはありません。

「報酬はどのくらいでした？」

これは転職活動につきもののやっかいな質問だ。地位が上がって報酬が高くなるとなおさら難しい。

「そのことは忘れてください。私はたしかに上場企業のCEOでしたが、今の私にとって大切なのはカネではありません」

彼女は譲らなかった。

「いくらか教えてもらわないと」

それでも私がはぐらかしたので、彼女はついにマーク・ジェイコブスのポジションの年俸とボーナスについて教えてくれた。私も仕方なく答えると、彼女はしばらく黙り込み、それからこう言った。

「これはあなたにふさわしい仕事ではないと思います」

彼女を説得することはできなかった。

そう、ときとして金銭的な成功が不利に働くこともある。給与が五万ドルでも、五〇万ドルでも、あるいは五〇〇万ドルでも関係ない。失職して新しい仕事に就こうと思えばヘッドハンターや人事担当者と会うことになるが、彼らの多くは前職よりも給料の安い仕事については提案さえしない。

過去の肩書が邪魔になることもある。かつて社長を務めていたせいで、他社の上級副社長の面接を受けられなかったケースをたくさん知っている。なんにせよ肩書とは面倒なものだ。起業家がなかなか大企業に採用されないのも、彼らの起業家精神が大企業には収まりきらないという先入観があるからだ。

もしも私の名前が知られていなくて、社長時代の報酬がメディアで報道されていなければ、希望する報酬額を低く抑えて伝えていたことだろう。だがそれはできなかった。たとえ公表されていなくても、報酬というのはデリケートな問題だ。採用側としては、候補者ではなく組織の利益を最優先に考えるのは当然のことだ。採用してもモチベーションが低く、出社初日から辞めることを考えるような相手など迎えたくない。

私は肩を落としたが、前に進むしかなかった。そこで今度は、記事に載っていたニューヨークのヘッドハンター、マクシーン・マートンズに電話をかけた。

そのときはもちろん知る由《よし》もなかったが、彼女こそ私の人生を変える人物だった。

「マクシーンさん、あなたは私のことを知らないでしょうが、高級ブランドのCEOをお探しなら見当外れのところを探しているのかもしれませんよ」と私は自己紹介をした。

するとと彼女は言った。

「あなたのことは知ってますとも。私のデスクには、あなたの名前が書いてある厚さ五センチのファイルがあるの。こっちから電話しなかったのは、前の会社一筋だと思っていたからよ。明日、お会いできるかしら」

翌日、マクシーンのオフィスを訪れると、彼女が世界でも稀《まれ》にみるほど聡明で洗練された女性であることを知った。彼女は高級ブランドの世界に幅広い人脈を持っていた。

挨拶を交わすと彼女はいきなり尋ねてきた。

「どこから必要とされてるのかしら？」

「なんですって？」

「あなたを必要としている企業はどこかしら？」

そんな質問をされるのは初めてだったので、私は考え込んだ。

電話すべき相手のリストを最初につくったとき、自分が働きたい企業はどこかと考えた。それは自分が憧れている企業であり、自分がなにかしら貢献できると思う企業だ。しかし、自分の経歴や経験や知識がどんな企業から必要とされているのか考えたことはなかった。

思わず口ごもったが、必要とされそうな企業を何社か思い浮かべて、答えた。

彼女は私を理解しようと興味深い質問を次々と投げかけてきた。とくに感心したのはこんな問いかけだ。

「今月あなたの身に起きたことですばらしかったことをひとつと、がっかりしたことをひとつ教えてちょうだい」

私の次のキャリアについてじっくりと話してから、マクシーンが言った。

「あなたにぴったりなところがあるけど、どうなるかはわからない」

そして彼女はダナ・キャラン・インターナショナル（ＤＫＩ）について話しはじめた。

「ＣＥＯを探してるの。親会社はＬＶＭＨ、つまりモエ・ヘネシー・ルイ・ヴィトン・

グループで、そこのイーディ・スタインバーグという採用担当の責任者がキーパーソンよ。探し始めてからだいぶ経つから候補に入れてもらえるかどうかわからないけど、とにかく話してみるわ」

私は冷静に受け止めつつも期待せずにはいられなかった。

「ダナ・キャラン」は昔から憧れていたブランドだ。ＰＶＨではライセンス契約を結んで「ダナ・キャラン・ニューヨーク（ＤＫＮＹ）」のシャツを販売したこともある。ビジネスは大成功して、私はこのブランドに敬意を払っていた。

彼らの広告にも感心していた。私が知るかぎり、メンズウェアの分野では最高の広告を展開している。どれもニューヨークを舞台に撮影されたもので、まるで日常の一場面のようでありながら力強い印象を放っていた。

それはさておき、話を先に進めよう。

翌日、ＬＶＭＨから電話があり、さっそくイーディ・スタインバーグと面談した。

面談がすんだ夜、マクシーンから電話が入った。

「イーディがあなたを候補にするって。カルバン・クライン買収の件と、ブランド構築の経験を評価したそうよ。ちょうど来週、ＬＶＭＨのマネージング・ディレクターがニューヨークに来るそうなの。火曜日に彼に会う時間はあるかしら」

ＬＶＭＨは、傘下にあるＤＫＩのビジネスを統合する方法を模索していた。ＤＫＩは高級ブランドとして出発し、その後「ＤＫＮＹ」や「ＤＫＮＹジーンズ」といったラインを拡充して、幅広い市場に展開してきた。

ＤＫＩのピラミッドの頂点に立つラインは「ダナ・キャラン・コレクション」で、三〇〇〇ドルから一万ドルで販売するドレスが揃う。その下がＤＫＮＹで三五〇ドルから八〇〇ドルほどのドレスを販売し、さらにその下のＤＫＮＹジーンズは一二五ドルから一七五ドル程度のデニム生地なども使ったドレスを売り出している。

それらをどうやってひとつにまとめ、相乗効果を高めていくか――ＬＶＭＨは難しい課題を抱えていた。

火曜日。私は最高のスーツに身を包み、ＬＶＭＨのマネージング・ディレクター（ヨーロッパでは社長にあたる）、アントニオ・ベローニとの面談に向かった。場所はマンハッタンの東五七丁目にそびえるＬＶＭＨタワーだ。

ベローニはロマンスグレーの髪が目を引く、ハンサムで威厳のあるイタリア人だ。これまで私が会った人々のなかでも指折りの切れ者だった。英語に訛りはあるが、語彙の豊富さには目を見張るものがあった。

当然のことながら、彼は私の経歴を把握していて、とくにカルバン・クラインの買収について詳しく訊かれた。

それからダナ・キャラン・インターナショナルがどんな状況にあるか説明を受けた。それまでに六年で三人のＣＥＯを迎えたがうまくいかず、会社が進むべき正しい方向性を定め、プロの立場から経営にあたる人物を求めているとのことだった。

彼らはリーダーを必要としていた。

私はベローニに好感を抱いた。話していて心から楽しかった。

そして彼から、ダナ・キャランに加わることを考えてくれないかと言われた。

あとから知ったのだが、彼がパリからニューヨークにやって来たのは、LVMHがCEOに迎えようと真剣に検討していた別の候補者に会うためだった。マクシーンとイーディからも、LVMHがすでに候補者をかなり絞っていることは聞いていた。

そこで私は並行して、新たな可能性も探ることにした。仮にDKIがだめでも、自分にはまだ活躍するチャンスがあると自信が湧いてきたからだ。自分はファッションビジネスを知り尽くしている。誰になにを訊かれても大丈夫だ。ブランドに対する投資判断、在庫管理、マーケティング、デザイン、米国で成功するビジネスモデル。私はそうした質問に答えられるだけの経験と訓練を積んできたのだ。

要するに、私は自分の専門分野を知り尽くしていた。そのことを心に留めておくことが重要だった。なぜなら、私はクビになったせいで本来の自信を失っていたからだ。自分が何者であり、どれだけの能力やスキル、才能、経験を持ち合わせているか忘れてしまう。そういったことは改めて思い出さなくてはならない。**職探しは苦しく骨の折れる作業だが、大事なのは自信を取り戻すこと。**とにかく私はそうした。

ベローニに会ったとき、ほかにもふたつのアパレル会社と話が進んでいた。一社からはオファーがありそうだった（実際そうなった）。もうすぐ仕事を得られるという感触があり、それがかなりの自信になっていた。しかし、単一ブランドで働くことには興味がなかった。私はいくつもの事業を並行してマネジメントすることに慣れていたからだ。

ところがベローニの提案は、ダナ・キャラン・インターナショナルだった。

私は言った。

「たいへん光栄ではあるのですが、実はほかに考えがあることをお伝えしないといけません。もしも私をＬＶＭＨグループに迎え、執行役員としてグループに関わるようにと提案していただけたら、ほかの誘いには目もくれず、御社に加わります」

ベローニはこう切り返した。

「『トーマス・ピンク』を任せると言ってもだめだろうか？」

「とても興味深いことだとは思います」と私は答えた。

すると彼は言った。

「いいかい、マーク。私はきみに非常に関心を持っている。そこでだ、グループ内でのもっと大きな役割について話し合うことにしよう。来週パリに来てくれ。ベルナール・アルノー氏に会ってもらいたい」

私は椅子から転げ落ちそうになった。

ベルナール・アルノーといえば、ＬＶＭＨの創業者であり、会長兼ＣＥＯだ。しかもＬＶＭＨはまちがいなく世界最高の高級ブランドグループだ。傘下には「ブルガリ」「ディオール」「ドン・ペリニヨン」「ダナ・キャラン」「フェンディ」「ジバンシー」「マーク・ジェイコブス」「タグ・ホイヤー」「トーマス・ピンク」などが名を連ね、所有ブランドは六〇以上にのぼる。アルノーはフランスでもっとも裕福な人物であり、世界有数の富豪としても名高い。

私はなんとか表情を変えずに言った。

「わかりました、都合をつけましょう」

翌週。面談の前の晩に現地入りした。久しぶりのパリ。ＬＶＭＨが部屋を用意してくれたホテル・ドゥ・ラ・トレモワイユは、モンテーニュ通りのＬＶＭＨ本社までほんの数ブロックしか離れていない。

私はホテルに到着するとすぐに、時差ぼけも服がシワだらけなのもかまわず本社まで歩いて行った。道順と所要時間を確認しておきたかった。それに周辺のＬＶＭＨグループの店舗も見たかった。パリに出発する前にも、ダナ・キャランとディオールをそれぞれ数店舗、ルイ・ヴィトンを一店舗、そのほかグループについて理解を深められそうな場所を見て回っていた。

その晩はあまり眠れなかった。時差ボケのせいもあるが、おそろしく興奮していたのは言うまでもない。

翌朝は早く起きてシャワーとひげ剃りをすませ、いちばん上等な白いシャツと濃紺のスーツをまとい、ベルナール・アルノーに会うためＬＶＭＨの本社へと向かった。

面接が楽しみで仕方なかった。ついにここまで来たのだと感慨深かった。

私は自分の専門分野について知り尽くしている——十分に経験を積んできたのだから、今回もどんな話題だろうと議論できる。私は自信に満ち、高級ブランドの世界的リーダーであるアルノーに会えるのが心から嬉しかった。

「さてマーク、きみは会社になにをもたらすのか教えてもらいたい」とアルノーが言った。

「活力です。活力をもたらします」

そこから会話が始まった。面接はほんの一〇分か一五分くらいの予定だったが、四五分ほど続いた。ふたりとも饒舌だった。

私は山ほど質問した。あとから振り返ると、彼よりもこちらのほうがたくさん質問していた。

気に入られたという手応えはあった。また実際に彼に会うまでに、私が彼を必要としている以上に彼が私を必要としていることも感じていた。**すでに述べたが、企業はいつでも有能な人材を必要としている。そのことは忘れてはならない。**

私はニューヨークに戻り、マクシーンとイーディに報告をすませると、あとは連絡を待つばかりとなった。

二日後。ニューヨークの東五七丁目のＬＶＭＨタワーで、ベローニと再会した。ベローニのオフィスに通されると、彼の口から、ＬＶＭＨに加わってダナ・キャラン・インターナショナルの経営にあたってもらえないかと言われた。

「われわれが求めているのはスタッフに敬意を払い、ヨーロッパの文化の理解に努め、社の繁栄のために懸命に努力する人物だ。われわれはきみが適任だと思っている」

彼から差し出されたオファーレターを手にすると、次の文字が目に飛び込んできた。

「LVMH米国法人CEO」

私は驚きのあまり、続きを読むにもなかなか焦点が定まらなかった。

オファーレターにはいくつもの職務が記されていた。

・LVMH米国法人CEO
・パリ本社執行役員
・ダナ・キャラン・インターナショナル会長兼CEO
・トーマス・ピンク、グローバル事業オペレーション統括
・米国内M&A統括

報酬も申し分なかった。

「すごいぞ、信じられない」と喜びの気持ちでいっぱいになった。ようやく復活できたのだ。

「承知しました。感謝の言葉がみつかりません。必ず任務を果たしてみせます」

「きみは交渉する気さえないのか。給与条件はそれでいいのかね？」

「ご提示を受け入れます。報酬が目的ではないと申し上げたはずです」

彼は私をじっと見てから言った。

「どうだろう、それでは私が納得できない。きみは会計年度の途中から始めるのだから、初年度のボーナスは日割り計算で保障するつもりだ」

私はさえぎった。

「ほんとうにそんな必要はありません」

しかし彼は続けた。

「きみには会社のために大きな仕事をしてもらわなくてはならない。だから報酬に気を取られずビジネスに集中してほしい。問題を確実に取り払っておきたいんだ」

ベローニと握手を交わし、私のキャリアは次なる段階に移ろうとしていた。

嬉しさと安堵、それから報われたという気持ちと誇らしさが一気に押し寄せた。世界的高級ブランドグループに迎えられるというとてつもないチャンスをつかみ、すばらしいブランドを託された。自分の手腕を発揮すれば、ビジネスをさらなる成功へと導ける自信があった。

だがそれだけではなかった。しかるべき機会がめぐってくるのを辛抱強く待てたことにも大きな意味があると感じていた。私は最初のチャンスに安易に飛びつかなかった――それまでに面接を受けた企業や、返事を保留していたオファーに問題があったからではない。私は待つだけの強さを持ち合わせていたのだ。

オファーレターを読み返しながら、ある友人のことを思い出した。自分の身になにかすばらしいことがあると、彼は口癖のようにこう言った。

「俺がハゲてるのは俺のせいじゃない。だけど、うまくいったのは俺の努力のせいさ」

私も同じ思いだった。解雇されるいわれはなかったが、人生とはうまくできたもので、私は千載一遇のチャンスを引き寄せたのだ。

これを読んでいるきみは、私がこのポジションを得たのは運に恵まれたからだと思っているだろう。それはちょっと違う。前にも述べたとおり、**幸運とは努力を重ねるほどにつかみやすくなるものだ。**

ここに転職や昇進を望むあらゆる人にとっての貴重な教訓がある。**自分にはなにかしら価値があるという信念を持つこと。なにがあっても弱気になってはいけない。**もちろん、失業すればおそろしく険しい道が待ち受けている。ひどく傷ついて打ちのめされるものだ。

私は今、自分が得たものすべてに感謝している。また、誰かが失業したときにはできる限り力になっている。

そして私は、どんなふうに職探しに臨むべきかを心得ている。

仕事を探すときにまず重要になるのは、辛酸をなめ尽くす覚悟を決めることだ。怒り、戸惑い、嫉妬といったあらゆる負の感情を経験しなければならない。

それでも、かつての仕事で力を発揮していて、ほかの組織でもなにかしら提供できる自信があれば、きっと新しい仕事が見つかる。時間はかかっても、ふたたび自分の居場所を見つけられるはずだ。自信を持ち、自分が積み重ねた経験を信じてほしい。

次に、友人知人全員に電話をして、自分が必死になって仕事を探していると知らせること。失業を口にしたがらない人が多いが、それはまちがいだ。景気次第では誰にでもありうることなのだから、少しも恥じることはない。

自分の人脈が広くても狭くても、まずは電話をかけること。意外な相手が力になってくれて驚くことがあるだろう（私はそうだった）。何年も話していなかったり、近況さえ知らなかったりする人でも、連絡するとひどく喜んでくれることがある。過去に気持ちよくつきあっていたか、一目置かれていたなら、その関係はどんなに年月がすぎても消えることはない。電話はやめておこうなどとくれぐれも思わないことだ！

そして相手が誰かを紹介すると言ってくれたら、自分から直接電話やメールをしていいかと尋ねること。**紹介してもらうのを待っていてはいけない。**多くの人は自分のことで忙しい。また、相手には職探しをしている当人のような切迫感はない。そこで、彼らが連絡先を教えるだけですむように、直接電話かメールをしていいかと尋ねること。

もちろん、手助けしてくれた相手には結果を報告することも忘れてはだめだ。お礼の手紙やメールを送れば喜ばれるし、いつまでも心に留めてもらえる。

とにかく、電話をかけることから始めること。気が引ける相手にも電話すること。きっかけには大きすぎるものも、小さすぎるものもない。

これは仕事にも言える。まずは第一歩を踏み出し、面接を受けてからその仕事に就きたいかどうか決めればいい。誰にでも積極的に会い、誰だろうと手を差しのべてくれたら受け入れること。助けを求めることをためらってはいけない。羞恥心は脇に置いて仕事を探すこと。計画を立てて予定を組んだら、あとは実行あるのみだ!

最後に、収入や職責、肩書については柔軟に考えること。役職名や立場が下がることをためらってはいけない。それも仕方なく受け入れるのではなく、前向きに受け入れること。

さて、私の話の続きを語ろう。

私には知らされていなかったが、実はまだ大きなハードルが残っていた。

それはほかでもない、ダナ・キャランその人だった。

アドバイス

クビになったあとの求職活動は、内臓をえぐられるようなつらさを伴う。プライドも打ち砕かれる。気持ちを強く持つこと。きみがどんなに有能で、スキルや才能、経験に恵まれているかを考えること。こうした時期は、人生において自分が思っている以上に多くを学ぶ機会でもある。また、努力を重ねるほど幸運が増すと知ること。

21 決して自分を安売りするな

ＬＶＭＨとは基本合意に達したものの、ダナ・キャラン・インターナショナルの次期ＣＥＯの最終決定にはダナ・キャラン本人の承諾が必要だった。

ダナはカリブ海のパロット・キーという島の別荘に滞在中だった。私も休暇に出かけるところだったので、その前にこの島に立ち寄ることになった。

島に向かう船は大型のモーターボートだった。すばらしい青空だったので、後部デッキで景色を眺めながら日光浴を楽しむことにしたが、ほかの乗客は船内へと消えた。

理由はすぐにわかった。航海中は波しぶきのせいでずぶ濡れになってしまうのだ。私は気にしなかった。暑い日だったし、ダナに会う前に着替えるつもりだったからだ。

ところが驚いたことに、船着き場に着くと、ダナ本人がゴルフカートで迎えに来ていた。しかもホテルではなく、そのまま別荘に向かった。

到着するとＬＶＭＨのベローニが待ち構えていて、昼食と面談の用意が整っていた。まさか着替える時間がないとは思ってもみなかったから、私は白いＴシャツに白いカーゴパンツ、白いスニーカーというラフな出で立ち。しかも全身びしょ濡れだ。だがどうにもならない。それでベストを尽くそうと腹をくくった。少なくとも、ダナもベローニもカジュアルな服装だったから、ずぶ濡れという点以外は場違いではないはずだ。

船がパロット・キーに着いて桟橋に降りると、ダナがいきなり尋ねてきた。

「私の荷物は？」

ニューヨークを発つ前に、私はＤＫＩの上級副社長から電話を受けていた。ダナにいくつか荷物を届けてもらえないかと頼まれたのだ。中身は「ほとんど」がビジネス関係のものだという（つまり、ビジネスとは関係のないダナの私物が含まれているという意味だ）。しかも、重さは一〇キロもあるという。

私は断った。そもそも、そんなことを頼まれること自体が心外だった。私は荷物持ちじゃない。

荷物を持ってこなかったと答えると、ダナは露骨に不機嫌になった。

機嫌を損ねるのはわかっていたのに、どうして荷物を運ぶのを断ったのか？

もちろん、引き受ければダナに気に入られただろう。だが、彼女は高級ブランドで実績を積んだ人材を求めていた。私はその条件に合っていなかったから、彼女の言うなりになればかえって見くびられると思ったのだ。

こうした場面では、弱さを見せたらその時点で負けだ。私の経験も、才能も、ビジネスセンスについても、彼女が不十分と判断すればそれまでだ。


ダナの別荘はなにからなにまですばらしかった。あとにも先にも、あれほどみごとにデザインされた建物を見たことがなかい。この別荘は、彼女が完璧な審美眼を持ち合わせ、ビジネスでもプライベートでも才能と独創性にあふれた人々を身近に集めていることを物語っていた。

パロット・キーにはフォーシーズンズ・ホテルがある。昼食はそこから運ばれてきた。

テーブルは美しくセッティングされていたが、席に着く前にダナがこう言った。

「プールでミーティングしましょうよ」

プールだって？　私は唖然とした。

「私は水着じゃないし、これはなんと言っても最初の重要な会合なわけだから、プールはやめるべきじゃないだろうか」

ダナとの面談はこんな調子で始まった。そう、われわれは最初から意気投合したわけではなかったのだ。

私は事前に、この場をどう仕切るべきかを入念に考えていた。ダナに対しては、裁判で自分に不利な証言をしようとする証人と向き合うように接するつもりでいた。私がＣＥＯになることに彼女が反対していると聞いていたからだ。

先に述べたとおり、彼女は高級ブランドの出身者を望んでいた。だが、私はＤＫＩがそれまでに高級ブランドから三人のＣＥＯを迎えながら（六年間で三人も！）、結果を出せなかったことも知っていた。

われわれは三人で昼食の席に着いたが、私が腰を下ろすやいなやダナが口を開いた。

「それで、マーク。あなたはなぜ、自分がうちのＣＥＯにふさわしいと思うの？」

「ダナ、私はこれまでのキャリアでさまざまなことを達成してきて、どんな仕事でもこなせることを示す実績があるからだ。前の会社では小売りと卸売りのあらゆる分野で二五のポジションをこなした。それからカルバン・クラインを買収してマネージング・ディレクターとして取り仕切り、コレクションのビジネスにも深く携わってきた。つまりブランドについてもデザインについても経験豊富だから、自分はこの仕事にぴったりだと思うんだ」

ひと呼吸置いて、私は続けた。

「それから、私が知る限り、前任のＣＥＯはみなとても優秀だったはずだ――小売りの専門家、『ジョルジオ・アルマーニ』の経営を手がけた名高い企業家、そしてこの前は『マーク・ジェイコブス』に関わっていた顧問弁護士。ところが理由はどうあれ、誰も結果を出せなかった。きみもそろそろプロを迎えるべきだ。現場でビジネスの経験を積んで、あらゆる分野に精通していることが証明された経営のプロを」

ダナは無言で先をうながす。

「私はデザイナーとしてスタートした。調達の仕事もした。とにかくいろいろな状況やブランドを管理し、動かしてきた。経験していないことのほうがはるかに少ない。きみは今日、私が利口かどうかを判断することになると思うけど、これだけは断言できる、私は十分に経験を積んできたとね」

するとダナはこう訊いてきた。

「小売りについてはどう思ってるの?」

「未来だと確信している。店を持つということは自分のブランドに最高のスポットライトを当てることであって、ブランド理念を具現化する手段だ。独自店舗があれば望みどおりに自分の世界を表現できる。顧客に伝えたいメッセージを確実に届けられるし、直営店はターゲットを絞り込めるから、高い利益率が期待できる」

「なるほど。じゃ、うちの店についてはどう思う?」

これには答えたくなかった。少なくとも、面談がはじまったばかりのこの時点では気が進まなかった。事前準備で独立店舗を含め、相当数の店を見て回っていたが、私が観察したところ、あまり評価できるものではなかったからだ。そこで、こう答えるに留めた。

「何店舗か寄ってみたけど、ざっと眺めただけだった。評価のために足を運んだわけじゃない」

ダナは引き下がらない。

「店に行ったのに、なにも感想がないの？」

私はこの話題をかわそうとした。

「そう、実際に店を見て、たくさんいいところがあると思った」

彼女の気に障ることを言ったのは明らかだった。

ダナはファッションについても、それも私にとってはなじみの薄い女性のファッションについても議論を持ちかけてきた。レディースウェアについてどう思うか？　どんなデザインが好きか？

私はまた明言を避けた。なにしろ、このときはまだレディースウェアには詳しくなかったので、世界屈指のデザイナーであるダナ・キャランとそれについて議論をするつもりはなかった。そんなことをしてもかなうはずがない。

ダナが私と共通点を見いだそうとしていないのは明らかだった。私に失格の烙印を押そうとやっきになっていた。高級ブランド出身ではない私がＤＫＩにふさわしくないことを証明するつもりだったのだ。

こうして最初の会合は終わった。

ダナが席を立つと、ベローニが苦虫をかみつぶしたような顔をしていた。

それからようやくホテルでチェックインをすませ、ディナーでふたたびダナとベローニに会った。

ポーチに設けられた席はえもいわれぬ美しさだった。ロウソクの炎が揺らめき、床まである窓辺のカーテンが風にゆれていた。

人生でもめったにないすばらしい晩になりそうなものだが、おそろしく居心地が悪かった。ダナがまたもや私の身のほど知らずぶりを暴き立てようと質問を浴びせかけてきたからだ。

私もいよいよ反撃に出た。

「商品について話そう。いいかい、ダナ。独立店を訪れたときは商品を見てすばらしいと思ったよ。だけどはっきり言うが、きみのブランドを売っているデパートでは、品揃えといい、空間といい、少しも心に響かなかった。ほとんどは棚を埋めるだけの商品だ」

この二回目のミーティングでこれほど遠慮のない態度を取ったのは、問題をはっきりさせることが重要だと考えたからだ。

私はこういう場では、主導権を取るか、ようすを見守るか、あるいは受け流すことにしている。だからこそ、その日の午後はあえて彼女のパンチを受け、なにも言い返さず耳を傾けていた。ところがふたたび彼女が攻めてきたので、本心を伝えるしかないと腹をくくったのだ。

結果的に、ディナーの席では昼間より実りのある会話ができた。私が黙っているのをやめたこともあるが、ビジネスやブランドに関わる問題を正直に話し合ったからだ。

私は繰り返し伝えた。

「ダナ・キャランのビジネスはうまくいってない。必要な利益を生んでいないんだ。親会社のLVMHは業績に不満を抱いている。彼らは将来への投資を渋っているが、必要なのは会社を引っ張る経営者だ。

一流のデザイナーと一流の小売りスタッフが揃っていることは認める。でも、彼らにはリーダーシップと、すべてをひとつに束ねられる人間が必要だと思う。納品が遅れれば問いただして理由を把握し、価格が思い通りにならなければそれを解決する術を心得ている人間が必要だ。すばらしいスタッフが揃っていると信じているが、私のように経営を熟知している人間が誰もいないんだよ」

そう伝えてディナーは終了した。このとき彼女が私をどう思ったのかは知る由もない。


翌日は、朝食のあとでダナとふたりで会った。

彼女にはこう伝えた。

「きみのことはこのうえなく尊敬している。今あるものを築き上げるのにどれほどの苦労があったのか、私には想像もできない。この会社をこれからもっと輝かしいものへと成長させるには、きみは自分がなにをすべきかわかっているはずだ。

ダナ・キャランというブランドは大きく成長したけど、経営が追いついていない。

私は前の会社では三〇年も中心的な存在だった。デザインからはじめて、調達にオペレーション、企画、小売り、卸売り、買収、なんでもやってきた。私ならこの会社を立て直せる。この会社に加わってすべてのビジネスを揺るぎないものにする――それが私の役目だ」

彼女はようやくまともに耳を傾けてくれた。ふたりきりになったことで、会社のためになにができるのか、本音で語ることができたからだ。

会話は一時間ほど続いた。絆が生まれつつあるのを感じた。

われわれは友人になり、仕事仲間になれたと思った。彼女のことを心から好きになった。

だがもう、飛行機の時刻が迫っていた。

別れる前に、ダナから船着き場まで送るから荷物を取ってくるようにと言われた。

数分後、ダナがゴルフカートでやって来た。船着き場に向かいながら彼女が言った。

「あなたの言ったことを考えていたわ、マーク。とっても気に入った」

そして島をあとにした。

最高の気分だった。ダナは結局のところ私を受け入れるにちがいない。これまでに高級ブランドの経験者やほかの方面の顔ぶれに経営を任せて失敗続きだった。それがようやく、すぐれた実績のある実務家を迎えるチャンスが訪れたのだ。彼女に迷う余地などあるはずがない。

私は心配していなかった。いよいよ人生の第二幕へと移る準備が整ったのだ。

アドバイス

相手が誰であっても、あごで使われてはいけない。いかなるときも自分を安売りしてはいけない。十分に経験を積んで自分の仕事に精通していれば、実績によって十分認められるはずだ。

22 確信があるときは一歩も退くな

ところがそれ以来、なんの知らせもなかった。連絡が途絶えてしまったのだ。八月に入る直前にベローニにメールを送り、状況を尋ねた。するとこんな答えが返ってきた。

「今はみな夏の休暇中だから、九月になったら改めて集まろう」

がっかりした。控えめに言っても不安で落ち着かなかった。頭のなかではすでに仕事をはじめていた。戦略を練り、その先の段階を考え、訪問すべき場所まで検討していたのに、そんな計画は吹き飛んだ。そして沈黙が続いた。

夏のあいだは休暇を取ったが、ＬＶＭＨとの先行きは相変わらず不透明だった（おかげでゴルフのハンデが一〇に下がった。仕事をせずにいるのはゴルフの腕を上げるには効果絶大だが、精神的にはよくない）。

九月になった最初の週にベローニから電話があった。

「ダナの意見を尊重して候補者選びを続けている。彼女には何人か気になる候補がいて、私もこれから会う予定だ。われわれはきみが適任だと考えているが、今のところはこうするしかないんだ」

なるようになれ、だ。

全米横断旅行の計画を練りはじめたものの、気分は晴れなかった。期待していたことがすべて台無しになるんじゃないかという不安を抱えているのに、明るい気持ちになるのは難しかった。

秋になったころ、『ウィメンズ・ウエア・デイリー』に「わからない《ドンノウ》キャラン」という見出しの記事が載った。ダナ・キャランはマーク・ウェバーを雇わないとしたら、いったい誰に経営を任せるのか、という記事だった。

CEO探しは目途《めど》が立っていない！

私はようやく、PVHを去ってから初めて肯定的な感触を手にすることができた。

九月の終わり。ＬＶＭＨからメールが届いた。「話したい」とだけ書かれていた。あらゆる可能性を探ってみたがＣＥＯの適任者が見つからなかったという。

ＬＶＭＨがダナのニューヨークの自宅で内々の話し合いの場を設けてくれた。

私は彼女にこう言った。

「リーダーシップを欠いている現状は誰にとっても負担になっている。私ならきみの会社を改革できる。会社を成長させ、息の長いブランドにしたいとすれば、それができるのは私だ。そのために全力を尽くすと約束する。われわれは学び合い、尊重し合えるはずだ」

すると彼女は口を開いた。

「やってみましょう」

こうして話が決まった。われわれは手を組むことになったのだ。

マスコミへの発表の場で、ダナはこう発言した。

「最初のデートはうまくいかないこともあるわ」
それがそのまま記事の見出しになった。
ようやく正式に雇われた！

二〇〇六年一〇月一五日、当初思っていたよりもふた月半遅れでのスタートとなった。私の役目は彼女のブランドを本来あるべき規模まで成長させるために、ともになにをすべきか知恵を絞ることだった。

ＬＶＭＨとダナが結論を出すのを待っているあいだ、ほかの仕事を探そうとは思わなかった。私はＬＶＭＨを信頼していたし、彼らも私を信頼していると思っていた。なによりも、この場合の正しい行動は、ＤＫＩの次期ＣＥＯをめぐり、ダナがＬＶＭＨの意向に歩み寄るのを待つことだった。重要な決定権を握っていたのはＬＶＭＨで、彼らには人を雇う前にあらゆる手を打つ権利があった。

私は最後にはうまくいくと信じていた。それに、心の準備ができていない相手に決断を迫るのは得策ではない。そんなことをしても無駄なのだ。

仮に誰かがなんらかの提案を持ってやって来て、「今すぐ答えてくれ」と迫られたら、私は必ずノーと答える。私には――そしてきみにも――重要な決断をする前には熟慮する権利がある。即答を控えたからといって優柔不断と思われることはない。正しい決断を導くには欠かせないことだ。

ここから学ぶべき教訓。**確信があるときは、一歩も退《ひ》かずに自分の考えや理想や立場を貫き通すこと。**

また、すべての関係者に対して敬意と協力的な姿勢を示すことも忘れなかった。私は彼らのテーブルに席を求める立場にあった。ルールを決め、タイミングを見計らうのは相手側なのだ。

アドバイス

ＣＥＯの採用ほどではなくても、企業側にとって人材採用は大きなリスクを伴う決断だ。相手の立場を理解して尊重し、すべての採用関係者に丁寧に接し、協力的な姿勢を見せること。ただし自分を安売りする必要はまったくない。きみの信念を曲げることなく、相手が正しい決断を下すのを堂々と待つこと。

PART 3

組織を動かす

23 新しい環境では、まずは三人の信用を勝ちとれ

本格的にパリで仕事を開始したのは二〇〇六年六月。ＤＫＩのＣＥＯの件については未定だったが、すでに多くのことが動き出していた。

私はＬＶＭＨグループの依頼を受けて、ＤＫＩの経営戦略の立て直しに力を注いでいた。ロンドンを拠点とする高級シャツメーカー、トーマス・ピンクの事業にも参画した。トーマス・ピンクに関われることがほんとうに嬉しかったし、シャツについては経験豊富だったので提供できるアイディアはたくさんあった。

トーマス・ピンクのＣＥＯは金融業界出身なので数字に強く、職責をみごとに果たしていた。彼とは助け合うことができて、ＤＫＩの騒ぎに追われていた私には、つかの間の気分転換になった。

私はＬＶＭＨタワーの役員専用フロアにオフィスを用意してもらい、法務部、人事部、

不動産部などの本社機能について学んだ。なんとも清々しい日々だった。

パリにいると自分が米国人であることを意識せざるをえない。ヨーロッパでは往々にして、米国人重役は報酬をたっぷりもらって好き勝手にふるまい、傲慢だと思われている。私はいい意味でそれを裏切って、ステレオタイプとはちがう印象を与えようと決めた。

そこで個人的な野心など念頭にないことを明確に宣言した。もちろん報酬は十分すぎるほどだったが、社内政治には興味がなかったし、フランス本社のトップにまで駆け上がろうなどという幻想は抱いていなかった。トップの仕事ならすでに経験しているし、そんなことは自分の目標ではない。

私はLVMHに溶け込み、好人物と評価されることを願っていた。

ニューヨークに戻ると、毎週のようにフランスをはじめとするヨーロッパの重役が私に会いにやって来た。「異物」である私を品定めしに来たと言ったほうがいいかもしれない。

誤解のないように断っておくが、そんなふうに扱われるのは悪い気分ではなかったし、おもしろくもあった。むしろ大きな手ごたえを感じていた。

人から人へと私の評判が広まった。**彼らにとって、私は親交を深めて協力すべき相手だという評判を広めることに成功したのだ。**

最初の数カ月であらゆる関係者と顔を合わせた。正式にLVMHの経営者に任命されてから、さらに経営戦略を練った。頼りになるコンサルタントにも協力してもらいながら、ダナ・キャランの経営陣との信頼関係を築くことに尽力した。

六月のある日、私はLVMHの戦略会議に参加するためパリに到着した。ホテルからLVMH本社ビルまで歩き、役員室へ通された。

時刻は朝の八時一五分。私が一番乗りだった。アルノー氏との面接のときには役員室に入る機会はなかった。

広々として荘厳な部屋だった。

パリはとても美しい朝だというのにブラインドがすべて下りていた。

ブラインドの開閉ボタンを見つけて押してみる。

すると、幅が一五メートルほどある窓辺を覆っていたブラインドがゆっくりと上がり、朝陽に輝くパリの街とエッフェル塔が姿を現した。

息をのむほど美しい眺めだった。

私は圧倒され、気がつけば涙がこみあげていた。

ＰＶＨで失ったものが頭に浮かび、自分は以前にもましてエキサイティングな人生を手に入れたのだとつくづく実感した。

私はここまでやって来た。ブルックリンからパリへ。私は感謝の気持ちでいっぱいだった。

経営戦略案は承認された。

私はそれからもヨーロッパや世界各地のグループ内ＣＥＯたちと顔を合わせたが、彼らは私を観察するのをやめて本音で語りはじめた。

私はチームの一員になったのだ。

アドバイス

一社員であれCEOであれ、新しい職場にとってのきみは「異物」だ。最初の数カ月は同僚たちの警戒心を解き、好かれ、信頼を得ることに細心の注意をはらうこと。私の経験では、まず三〜四人から信頼を得られれば、あとはさざ波が広がるように、組織中によい評判が広まっていく。そうすればあとは思う存分、きみの実力を発揮できる。

24 利益を生まない理想に価値はない

ＤＫＩは販売目標を達成できず、てこ入れを必要としていたが、うまくいっていることには敬意を払うようにした。私の使命は組織の力を伸ばし、底上げをすることであって、すべてを打ち壊して一からやり直すことではない。

白髪の増えた私はかつてより賢くなっていた。いよいよ腕の見せ所だ。

ＤＫＩはすばらしい企業だが、ブランドの存在感にくらべて事業規模が小さすぎた。ＤＫＩに加わってから最初の数カ月、ＰＶＨに入社して間もないある日の会話を何度か振り返っていた。

当時のＰＶＨでは、創業者の孫にあたるシーモア・フィリップスが「長老」として社内の尊敬を集めていた。彼は八〇代前半で、特別な存在感があった。洗練され、威厳と気品にあふれ、彼がオフィスにやって来ると、誰もがその威光を浴びたいと願った。

ある日、私とブルース・クラッキーが廊下にいると、シーモアが通りかかり、いきなり尋ねてきた。

「われわれがこのビジネスに取り組んでいるのはなぜだと思う？」

ブルースが答えた。

「世界一偉大なブランドを築くためです」

「ちがう！　ほかの答えを」

「最大のシェアを勝ち取って、市場をリードするためでしょうか」

シーモアはこの答えには少しだけ気をよくしたが、ある教訓を伝えたかったようだ。

彼はわれわれをまっすぐ見据えて言った。

「**ビジネスに身を置く理由はただひとつ。儲けることだ。**むろん利益の獲得に伴う恩恵はたくさんあるが、ビジネスに携わるのは儲けるためであって、それを絶対に忘れてはいけない」

私はこの言葉を忘れたことがない。

私はDKIをアパレルメーカーというより投資銀行のように経営すべきだと考えた。それぞれの事業の損益に目を配りながら、揺るぎないブランドを確立し、魅力ある商品を市場に投入する――このことが財務目標の達成に結びつく。商品、タイミング、価格、数量のすべてを適切に管理することが決め手だ。

事業活動の目的は、社員のやりがいや自己実現ではない。市場シェアの拡大でもない。会社が最大の利益を上げることを最優先に考えなければならない。なにはさておき、数値目標を達成し、財務上の信用を築くことが急務だった。

次に考えていたのは、物流に関するプロセスの効率化だった。在庫は企業にとって生命線だ。市場に合わない商品を必要以上に抱え込み、処分が遅れたら会社は破綻する。ところが、ＤＫＩには私が見たこともないほどすぐれた在庫管理のシステムがあった。これは嬉しい驚きのひとつだった。

それにひきかえ、うまくいっていないのが輸送だった。

「飛ぶべきか、飛ばざるべきか」という議論は、私がよく引き合いに出すエピソードだ。アジアから米国向けの航空便の使い方が問題だった。費用を考えれば、航空便は贅沢すぎる選択肢だ。

ある日の経営会議で、輸送手段と輸送費について質問した。

「船会社はどこを使っているのかな？　輸送費へのＡＮＥＲＡの影響はどう？」

沈黙が流れた。

ひょっとしてＡＮＥＲＡ（太平洋東航運賃協定）という用語になじみがないのかと思い、聞き方を変えてみた。今度は誰もが居心地悪そうに視線を逸《そ》らした。なにやら秘密でも隠しているかのようだった。

私はさらに訊いた。

「なにかおかしなことを言ったかな？」

ようやくひとりが口を開いた。

「船便は使っていないんです」

原材料を輸送する際、船便と航空便の費用差は二〇倍にもなる。

「すべて航空便を利用しているんです。実は工程管理表がないのでいつも出荷の手配がぎりぎりになってしまって。結果的に、航空便を使わないと間に合わないんですよ」

信じられない話だったが、私は静かに尋ねた。

「工程管理表がないというのはどう意味？」

これにはデザイン担当の責任者が答えた。

「厳密にはあるんです。ただ使っていないだけで」

工程管理表があるのに使っていない？

私はさらに質問した。

「理解できない。船便と航空便の輸送費にどれほどの差があるか、わかってるの？」

みなわかってはいるが、いつも手配が遅れてしまうという。

私は会社の現状を把握することに専念していたが、これほどの浪費を放っておくわけにはいかなかった。そこで商品開発責任者に言った。

「一週間以内に航空便を使わない工程管理表をつくるんだ。航空便を使わずにすませる方法を考えて報告してくれ」

彼女はかしこまった口ぶりで言った。

「それはできません。不可能です」

それは言うまでもなく「ノー」という意味だ。輸送費が浪費されているというのに。われわれはこの問題の解決方法を探った。つまるところ、予定をきちんと定めて厳守するという単純な方法で解決した。

彼らは次の会議には工程管理表を持って現れ、たとえば一年に二〇回の出荷があるとして、そのうちの二回だけ航空便を使うことにすれば（秋と春の初めにそれぞれ一度ずつ）、あとの一八回は船便で間に合うという結論に達した。

会社は私が就任した初年度に、数百万ドルの経費を削減することができた。

アドバイス

ビジネスの目的は利益を上げることだ。どれほど高邁な理想を掲げても、利益を出さなければ机上の空論だ。そしてそのためには、「ずっとこの方法でやってきたんです」「ほかに方法はありません」といった言葉を聞いて、簡単にあきらめてはいけない。利益を上げるためには、誰もが「ノー」に立ち向かい、それを「イエス」に変える方法を探ることだ。

25 最高のクリエイティブとは「ノー」を「イエス」に変えること

「好きな言葉は？」

人気テレビ番組『アクターズ・スタジオ・インタビュー』で、司会のジェームズ・リプトンが必ずゲストにする質問だ。

私が好きな言葉は「ノー」。未知の可能性を広げてくれる言葉だからだ。ノーという言葉をきっかけに、想像もしなかった視点が得られ、難しい問題に斬りこむ新鮮な発想が生まれる。

ノーという言葉を突きつけられるたびに、ふつふつと闘志がわくのを感じる。不可能と思われた課題を解決し、限界を突破したときほど達成感をおぼえる瞬間はない。

「圧倒的な理想を掲げてみるといい。悪気のない五〇人の人たちから足を引っぱられることに気づくだろう」

私がよく言うセリフだ。

ＤＫＮＹは当時、ソーホーのビルに壁面広告のスペースを持っていた。壁面広告はマンハッタンでも少なくなっていた。ソーホーの広告は黒一色の壁に大きなＤＫＮＹの文字を打ち抜いて、その中に自由の女神と摩天楼の景色が広がるアート作品だった。思わず引き込まれる有名な広告で、力強いメッセージを発していた。ドラマや映画にも何度も登場し、ニューヨークを象徴する風景のひとつになっていた。

その広告が誕生してから一六年後（私がＤＫＩに加わってから間もなく）、ビルの所有者が代わった。購入したのはカジュアルファッションを展開するホリスターという企業だ。当然のことながら、彼らは壁面にホリスターの文字を掲げたいと考え、われわれに広告契約の打ち切りを知らせてきた。

ニューヨークは大論争に沸いた。ＤＫＮＹの壁面広告はニューヨークの名所だという声があがり、壁面の塗り替えに反対する声が強まった。

一年にわたって交渉を続けたが、ビルの利用は所有者の自由だという結論にいたり、ＤＫＮＹのロゴは塗りつぶされた。

それからというもの、私は新しい広告塔や一風変わった宣伝手法はないかと模索していた。

ある日、自宅でなにげなくテレビのチャンネルを変えていたときのこと。ニューヨーク・ヤンキースの野球中継が目に留まった。

しばらく眺めていると、ライトの松井秀喜選手の背後に日本語の看板があることに気づいた。

次の瞬間、バッターがホームランを放ち、ボールは松井の頭上を越えてスタンドに吸い込まれた。カメラはボールを追いかける。そして画面いっぱいにでかでかと日本語が映し出された。

私は息をのんだ。

ニューヨーク・ヤンキースとDKNY。完璧な組み合わせじゃないか！

これはニューヨークにわれわれのブランドを息づかせる挑戦の第一歩だった。

すぐに広報宣伝部のメンバーにアイディアを伝えた。

どれだけの女性がヤンキースタジアムに足を運ぶのかは知らなかったが、このアイディアを通すのは簡単でないことはわかっていた。もっとも仮にヤンキースファンに女性が少ないとしても、われわれは男性向けの商品も扱っているのだから、宣伝効果はあるはずだ。広告料は高そうだが、男性の顧客層を拡大する効果を考えれば投資する価値はある。

予想どおり、広報宣伝部の全員から猛反対された。

「予算が足りません」「もっと女性向けの市場を狙うべきですよ。ヤンキースタジアムなんかじゃなくて」「女性は野球に興味はないんですよ」

それでも私は直感を信じた。それに野球観戦が好きな女性だっているはずだ。

CEOとして意志を貫くときが来たと判断した。多くの反対意見は脇に押しやり、ヤンキースタジアムに広告を打つと決めた。

そしてヤンキースのマーケティング担当上級副社長と顔を合わせた。ヤンキースタジアムのセンターの広告料などを協議しながら、いくつか興味深いことを知った。

第一に、ヤンキースタジアムに広告枠を持っているアパレル関係の企業はひとつもないということ。

第二に、球場を訪れる観客の四割以上が女性であること。

第三に、観客のなかにはDKNYにとって非常に重要な顧客層である、外国人観光客が大勢いること。

私の直感が正しいのは明らかだった。

DKNYのロゴをセンターの一等地に掲げることで話がまとまった。

おもしろいことに、当初は反対派だったはずのスタッフの多くが、いつのまにやら賛成派に鞍替《くらが》えしていた。

広告の評判は上々。メディアからも大きく注目された。

二〇〇九年にヤンキースがプレーオフ進出を果たし、ワールドシリーズを制したのも幸運だった。おかげでスタジアムでもテレビでも、ＤＫＮＹのメディア露出が増えた。さらにヤンキースの経営陣は、われわれが出会った多くの事業家のなかでもファッション業界に対する理解が深かった。

ヤンキースと提携した販売キャンペーンでは、選手の人気にあやかって売上を伸ばすこともできた。なにより一年のうち八一日、五万人以上の野球ファンに向けてＤＫＮＹのロゴマークを発信することができたのだ。それもヤンキースタジアムというニューヨークを象徴する場所から。

大きな反対を押し切っていざ実行してみると、ニューヨークに根を下ろすふたつのブランドを結びつける広告戦略は、ＤＫＩ史上画期的な大成功となったのである。

アドバイス

人間は「できない」と主張する生き物だ。「ノー」と言いたくなる理由は無数にある。物事を実現する方法を探し当てるよりも、不可能だと主張するほうがはるかに容易い。

だからこそ、きみには他人からの「ノー」を積極的に受け止めてほしい。「ノー」を「イエス」に変えるにはどうすればいいかを必死に考えること――これほどクリエイティブな試練はない。「ノー」に鍛えられることで、きみも組織も、旧来の限界を突破できるのだ。

私はこの言葉を聞くたびに胸が躍る。相手が並べる「不可能な理由」はどうでもいい。

ぜひとも私にノーという言葉を突きつけてもらいたい。それが私の心に火をつける。

PART 4

自分を磨き続ける

26 ファッション、それは「欲望」のビジネス

ＬＶＭＨグループが世界各地で展開しているビジネスは、おそろしく複雑かつ広大だ。なかでも有名デザイナーによる女性ファッションの世界は、男性である等身大の私を基準にしては到底理解できない。

考えてみてほしい。ほとんどの消費者にとって、どうしても「必要なもの」などなにひとつないのだ。仮にきみが一〇〇歳まで生きるとして、死ぬまでに必要な服や靴はすでに持っている。だがわれらがファッション業界は、毎年数十億ドルものアイディアを売っている。

ビジネスの根底にあるのは、もっと魅力的なものを所有したいと願う人間の欲望だ。そう、「欲しい」という熱情に働きかけるのがわれわれの使命である。

そのためには、創造性を最大限に発揮し、人々の感情を揺さぶること。これしかない。**なくても困らないものを「絶対に欲しい」と思わせる。そのためにはなにをすべきか？**

商品の品揃えが重要なのは言うまでもない。ドレスであれば生地や色、スタイルを組み合わせ、シルエットはゆったりしたものからタイトなものまで、さまざまなバリエーションを幅広く用意する。紳士服なら、三つのシルエットが一般的だ――クラシック・フィット、スリム・フィット、スーパースリム。

私のお気に入りの商品は婦人靴だ。女性は靴選びにたっぷりと時間をかけ、（ありがたいことに）惜しみなくカネを使ってくれる。フラットシューズにスニーカー、ウェッジ・スニーカー、五センチのヒール、一〇センチのスパイク・ヒール。これらすべてが「流行」の変遷とともに買い換えられる。

ファッション業界は、場面に応じて身につけるものを使い分けるよう、消費者を教育している。大儲けの仕組みだ！　欲望をつくりだすこと、これこそがファッションビジネスの真髄である。

自分を魅力的に見せたい、気分よくすごしたい、調和したい、注目を集めたい、際立ちたい。

そんな欲求に応えてくれるのがファッションだ。

ファッション業界では「必要」と「欲望」のちがいを理解することが圧倒的に重要だ。いかにして消費者の欲望に火をつけるか。その根底をなす戦略は、消費者が満足しているものを時代遅れなものに変え、彼らがそれを放り出して、新しいものを買いに走るように焚きつけること——これに尽きる。

広告業界やマーケティング業界も完全に共謀している。もちろん自分たちの商品が競合品よりすぐれていると主張することも不可欠だ。商品を差別化して多くの選択肢を用意し、消費者に斬新さを巧妙に伝えなければならない。

アイディアを創造すること、それがファッション業界の原動力だ。この業界に身をおくなら、商品やブランドそのものの個性を磨くことに知恵をしぼる必要がある。

もう一度言う。**きみは誰にも必要とされていないものを売っている。**

このことを理解すれば、きみは必ずファッション業界で大きな成功を収められる。

アドバイス

多かれ少なかれ、ビジネスとは「ほんとうは誰からも必要とされていないもの」を売る営みだ。だからこそ、人々の欲望を熟知することが、これ以上ないほど重要な成功のカギとなる。ファッション業界という究極の「欲望のビジネス」から、きみはなにを学ぶだろう?

27 ファッションビジネスは商品がすべて

ファッションビジネスでつねに中心にいる主役は「商品」だ。ブランド力、デザイナー、広告、販売員、価格――これらが最高でも、商品がしっくりこなければ水の泡になる。

「肉体と精神と魂が融合しなければいけない」

ダナ・キャランがよく口にする言葉だ。

私はそれをさらに先へ進めた。

この産業は世界中で何百万もの雇用を生み出している。新興国は、経済発展の早い段階で衣料品の生産を担うことが多い。衣料品工場は大量の労働者を吸収するからだ。貿易によって新興国に外貨が流れ込む。衣料産業は雇用を創出し、希望と機会をもたらしている。だが商品がなければなにも始まらない。

人間の欲求のなかでも、住まいと暖かさの確保は最優先事項だ。衣服には身を守る機能もあり、それは根源的な人間の欲求と結びついている。

同時に、衣服や装飾品は人間の精神とも深く関わっている。われわれの商品は自尊心を高めてくれ、その結果生まれた自信によって、人生はよりよいものへと昇華される。

他人からよく見られたい――。

そう願わない人間など、地球上にひとりもいない。人は外見をよくするために毎年数十億ドルを費《つい》やしている。外見を磨くことはパートナーを見つけるうえでも欠かせないから、種の繁栄とも無関係ではない。

外見的な印象のよさは仕事を見つけ、仲間とうまくつきあい、友人をつくるうえでも大切だ。他人から認められるチャンスも増えるだろう。そう、**衣服は多くの点において、住まいと食事、水、空気の次に必要不可欠な要素なのだ。**

今度しゃれたスーツを着こなす男性を見かけたら、その姿が発するメッセージの意味を考えてみてほしい。とびきりエレガントな靴を履いている女性はどんなメッセージを発しているのか？　彼女は周囲にどんなインパクトを与えているだろう？

それと同時に、その服や靴はどこで、誰がつくっているのかを考えてみてほしい。イタリア？　ブラジル？　中国？　彼のスーツや彼女の靴をつくることで多くの家族の暮らしが成り立ち、大勢の子供たちが教育を受けていることについても。すべては商品があってこそだ。

私はこれまでにカルバン・クラインとダナ・キャランという偉大なデザイナー、そして数百人のデザイナーや彼らを支えるスタッフと仕事をしてきた。

この業界で生きていくには、「美しいもの」と「つまらないもの」を瞬時に見分ける感性も必要だ。そのちがいがわからないようなら、見切りをつけて別の仕事を探すか、審美眼をもった同僚たちのほうが自分より成功する見込みが高いことを自覚すべきだ。

コメディアンは笑いを学び、パイロットは飛行機の操縦を学ぶ。高級ブランドの幹部であれば商品を学ばなくてはいけない。退屈な商品を駆逐し、真に価値ある商品をつくる秘訣を知ること。ファッションビジネスでは商品こそがすべてである。

アドバイス

自社が提供する商品やサービスの価値は、客観的に見てどの程度のものか。それがわからない人間に、ビジネスパーソンとしての未来はない。「商品至上主義」の極致であるファッションビジネスからきみが学ぶことは無限にある。

28 ビジネスは科学であり、アートである

私は長年にわたって、ダントツに才能豊かなデザイナーたちと仕事をしてきた。ショールームでコレクションを目にすると文字どおり言葉を失う。つくづく、自分はデザインの道に進まなくて賢明だったと痛感する。

一体全体どんな魔法を使ったらあんな色使いを考えつけるのか？　あんなラインで女性の体を包むなんて！　私にはとても信じられないことばかりで、ファッション業界に身を置けたことを心から感謝せずにはいられない。

その一方で、少しも感銘を受けないデザイナーもいた。特筆すべきものがなにもない。ユニークさと華やかさが微塵もないのだ。たとえば一〇種類の新作が必要なのに、満足できるのはひとつかふたつで、あとは売場のスペースを満たすだけの商品ばかり――そんな恥ずかしいことも過去にはあった。

他人の仕事に対して率直な意見を述べるのはとても難しい。誰もが努力をして、自分なりに最高のものだと自負しているのだから、本人に向かってダメ出しをするには神経を使う。遠慮なく批判するのは簡単だが、相手の体面を考えて伝えるのは至難の業だ。

そこで私は一〇段階の評価システムを導入している。映画やレストラン、ホテルの評価は星の数で表されるが、あれを参考にしたのだ。

社内のデザイン会議でこんなことがあった。部屋には三人のデザイナーとふたりの商品開発担当者、マーケティング担当者がひとり、それにあと数人のスタッフがいた。われわれは一二着のドレスに目を通した。魅力的なものはたった三着で、別の三着は美しいはずのモデルがやぼったく見え、さらに別の三着は色が悪かった。私はがっかりした。

さて、どうするか。デザイナーと一対一のときよりも、大勢の前で作品を批評するのはさらに難しい。

私はそんな状況でも一〇段階評価を用いた。全員に投票用紙を渡し、各デザインについて匿名で点数をつけさせ、折りたたんで帽子に入れてもらった。

匿名方式にすれば、厳しいけれども正直な意見を聞くことができる。この方式は単純にして効果的だ。そのとき部屋にいたのは一〇人だが、投票用紙を開けてみると案の定、六人が四点か五点をつけていた。

もはや話し合う必要はなかった。デザイナーも評価が客観的だと納得し、却下の決定を受け入れることができる。評価する側としても、面と向かって伝える気まずさがないから正直な評価を下せる。

本人にまるで自覚がないときは面倒なことになる。私が思うに、社内でデザインを評価してもらうなら、一〇点満点のものだけを提示すべきだ。

経営陣にプレゼンテーションをする前に、自分自身で客観的に批評してみること。デッサンが今ひとつだと気づいたら、他人の評価など求めてはならない。もっと時間が必要なら期限を延ばしてほしいと頼むべきだ。つまらないものや自分自身が満足していないものを見せるより、そのほうがずっといい。

これはデザインに限らず、広告のアイディアやプレゼンテーションなど、他人に提示するものならなんにでも当てはまる。自分で一〇点だと信じていないものを、誰が高く評価してくれる？

美的センスのよさは大切だ。これについては絶対に妥協できない。商品にはよいか悪いか、魅力的かそうでないかのどちらかしかない。

私は、人の感情を揺さぶる力があるものを求めている。それ以外はすべて無価値だ。**求めているのは誰が見てもダントツの商品だ。**このビジネスで成功するには、すぐれたものと無価値なものを区別する、目利きの力が欠かせない。

いちばん厄介なのは、誰が見ても無価値なものを本人がダントツだと言い張る場合だ。残念ながらこれまでにも、逸材だという触れ込みで採用したデザイナーが使い物にならなかったことが何度もある。そんなとき、私は本人に三点から五点の作品ばかりだと伝えるのだが、彼らは七点から九点だと反論する。私はその時点で部屋を去る。それ以上議論する余地がないからだ。

そういうデザイナーにはひと月で辞めてもらう。センスに限っては話し合って解決できる問題ではないからだ。デザインに向き合う姿勢や流儀なら議論できるとしても、**個性があるか、センスがあるか、あるいは単純にブランドにふさわしいかどうかを議論するのは避けるべきだ。**

アドバイス

きみは毎朝、身支度を整えて鏡の前に立ったとき、自分のセンスを評価できるだろうか？　そういった直感を持っていないなら、ファッションの世界に限らず、どんなビジネスでも大成は望めない。なぜなら、すべてのビジネスは科学であると同時に、アートと切り離せない関係にあるからだ。

29 「感情マネジメント」ができない者の末路を知れ

組織人として仕事をするなら、同僚や部下、上司との意見対立を避けては通れない。正論を投げかけても否定されることがある。

どんな状況でも自分の意見は持つべきだが、重要なのはその伝え方だ。

感情をむき出しにしたり、怒ったり、声を荒げたりするのは論外だ。**職場の人間関係では、要点をすぐに理解し、物事に冷静に対処できる人物が望まれる。誰だって揉め事は望んでいない。**われわれの仕事は揉め事だらけだが（きみの仕事もそうだろう?）、混乱や危機をうまく乗り切るコツを知っていれば仕事もうまくいくものだ。

「ＣＥＯとは吹雪のなかを飛ぶ鷲《わし》だ。理性を保ちながら屹然《きつぜん》と飛び続けろ」

ＰＶＨのＣＥＯに就任したとき、ブルースから贈られた言葉だ。きみに伝えたい言葉である。

いかなる場面でも、自分がどのような地位にあろうとも、議論が過熱しはじめたときには次の三つを思い出してほしい。

1、論戦を繰り広げるべきかどうか慎重に判断すること。口を開く前に、気にかかっていることがほんとうに議論に値するのかを考えるのだ。

2、議論をいどむなら自分が絶対に正しいことが明らかで、裏づけとなる事実が揃っている場合に限ること。相手が言い訳できない立場にあるとき以外は、絶対に議論をしてはならない。

3、感情を抑える術を学ぶこと。私がともに仕事をしたある経営者は、会議のたびに冷静さを失ってテーブルを叩くので、同席している誰もが不愉快な気分になった。彼の言うことが一〇〇パーセント正しくても、厳しく指導すべき状況でも、癇癪《かんしゃく》を起こしていい理由はどこにもない。そういう人物は、結局のところ頭を下げることになるのだ——自分が正しいときでさえも。

対照的に、部下に厳しいことを伝えても、和《なご》やかに改善策を話し合える経営者たちとも接してきた。

誤解しないでほしいが、そのために必要なのは腰を低くしたり、やたらと愛想よくふるまったりすることではない。求められるのは、どんなときもプロ意識を貫くこと。人を責めるのではなく、周りから問題を解決する存在として認められるように努めること。

きみが企業や部門のリーダーなら、ともに働く相手に対する責任を負っている。社風を決めるのはリーダーだ。リーダーは自分が託された役職に敬意を払うとともに、周囲がその役職に敬意を払うようにふるまうこと。

リーダーは、いわば大統領だ。自分の言葉のすべてが大きな影響力を持つのだと自覚して、ひとつひとつの発言に気をつけること。

社内で要職を担うとなれば、部下からは人格的にも尊敬でき、ビジネスの難しさを知りぬいた人物だと評価されなくてはならない。吹雪のなかを飛ぶ鷲とはそういうことだ。どれほどの逆風にさらされても、誰よりも尊敬される存在であり続け、確固たる方向性を示すこと。

議論がヒートアップして頭に血が上ったり、怒鳴ったりしたら、自分がいくら正しくてもその議論は負けだ。冷静さを保ったほうが勝ちなのだ。


私は職場では、ひどく動揺したときでも、罵りの言葉を口にしたり、大声を出したり、怒りを露わにしたりしないよう気をつけてきた（少なくともそう努力している。実際には罰当たりな言葉を口にすることもあり、回数を数えている。二〇一三年にはSで始まる言葉を七回、Fで始まる言葉を三回使った。二〇一四年は大変なことが多い年で、すでにそれぞれ一〇回）。

私は、自分が社内コミュニケーションのトーンをつくる立場にあると自覚している。これは直接話すときだけでなく、文書でのコミュニケーションにも当てはまる。メールは特に注意が必要だ。『ウォールストリート・ジャーナル』の一面にすっぱ抜かれて困るようなことは絶対に文字にしないこと。安心して眠るには、誰に読まれても困らないメールしか書かないこと。

人生はいつも思い通りになるわけではない。だからといって不適切なふるまいをしたら、必ずその代償を払うことになる。

そうならないためには、しっかりと準備をして会議に臨み、問題をよく把握したうえで穏やかに発言すること。そうすれば同僚や上司から前向きな反応が得られるし、建設的な意見を聞くことができるはずだ。

アドバイス

世の中には見習うべき教師もいれば、反面教師もいる。会議で誰かが冷静さを失ったら、その後どうなるか、ひと月よく観察してみるといい。仮にその人の主張が正しくても、冷静さを失った時点で議論には負けている。そんな人物は、なにをやっても周囲の尊敬を勝ち取ることはできない。

30 「最低限の礼儀」を軽んじる代償はあまりに大きい

誰かを導いたり手助けしたりすることが多くなれば、どうしてもひとりやふたりは恩知らずな相手にも遭遇するものだ。

一度ならず、私にもそういう経験がある。ある例を話そう。職探しや昇進のことで誰かに助けてもらったときは、同じ過ちをしないように心に留めてもらいたい。

ここでは仮にテリーと呼ぶが、その起業家と知り合ったのはもう何年も前のこと。彼とはライセンス契約を結んで一緒に仕事をする間柄で、気持ちよくつきあっていた。また私は常々、自己資金を投じて事業を興《おこ》す起業家に敬意を払っていたから、彼にも一目置いていた。

テリーはかなり大きな会社を所有していたが、やがてそれを売却することに決めた。

ある日、買収を検討中の会社オーナーから私に電話があった。買収後も引き続きテリーに経営を任せるべきかどうかを思案しており、彼について教えてほしいということだった。私は信頼できる人物だと請け合った。

買収成立から三カ月後。テリーが会社を去ったと耳にした。なんらかの理由で軋轢《あつれき》が生じたようだ。

ほどなくしてテリーから連絡があり、会えないかと言われた。なにがあったのかと尋ねると、彼は自分なりの言い分をとくとくと述べた。

いろいろな話をしながら、彼はついに本題を切りだした。仕事を紹介してほしいというのだ。

私の会社に空きはなかったが、代わりに助言をしたり、推薦状を書いたりして力になった。直接口添えもしたし、面接の練習にもつきあった。

テリーには相手の癇《かん》に障るようなことを言うくせがあったので、面接で言っていいことと悪いことを教え、自分を売り込む方法を指導した。彼の求めに応じて、数カ月にわたって週に二度は会い、あるいは電話で相談を受けた。業界で顔の知られている私は、またとない身元保証人でもあった。

ところが急に連絡が途絶えた。

ひと月ほどたって、彼が仕事にありついたことを知った。ただし、聞いたのは彼からではなく、共通の友人からだ。テリー本人からは感謝の言葉どころか、報告の電話さえなかった。

正直なところ、私はあれだけの時間と労力を費やしたのだから、仕事が見つかったという電話くらいはもらう資格があるはずだと思った。

一年後、彼の会社で問題が発生した。驚いたことに、彼はまた助けてほしいと電話をかけてきた。私は彼の話に耳を傾け、一年間連絡がなかったことについてはひと言も触れなかった。

彼の礼儀に反するふるまいを諭《さと》すべきだったという意見もあるだろう。だが私は、他人から教わることと、両親から教えてもらうべきことは別だと考えている。彼に礼儀を教えるのは私の役目ではない。

人を教え導くのは、一方通行になることがめずらしくない。この話を紹介したのはきみに次のことを知ってもらいたいからだ（まだ知らなければの話だが）。

つまり、せっかく築いた人間関係を台無しにするようなことはしてはいけない。そして、他人から便宜を図ってもらったら感謝の気持ちを忘れないこと。

テリーを助けようと長い時間を費やしたことについて、後悔はしていない。たとえ彼が結果を知らせる良識を持ち合わせていなかったとしても。

ただし私も人間だ。次回は親身になろうと思うかどうかはわからない。

アドバイス

力を貸してくれたすべての人たちに礼を尽くすことを忘れないように。不注意や非常識によってせっかく築いた人間関係を台無しにしてはならない。ビジネスの現場では無礼をたしなめてくれる親切な人間はいないと思ったほうがいい。だから無礼な人間は、自分がどれほどの信用とチャンスを失っているか、一生気づくことはない。

31 実力が評価されるチャンスにつねに備えよ！

私が働きはじめたばかりのころ、助言してくれる指南役はいなかった。そんなこともあって、自分が成功を手にしてからは、ほかの人たちのキャリアを支援したいと願うようになった。

そのうちのひとりで、私がＰＶＨ社長だったころに出会った男の話をしよう。

ＰＶＨはニューヨークを拠点としていたが、管理部門と小売グループのオフィスはニュージャージー州のブリッジウォーターにあった。

ある日、小売グループの社長から一杯飲もうと誘われた。彼のグループのマーケティング部門責任者として、マイクという若者をかなりの高給で雇うつもりだから、正式採用の通知を出す前に彼に会ってほしいという。

そこでマイクに会ってみると、かなり興味深い人物だった。彼は高卒で、マーケティングと小売りの分野で経験を積みながら苦労して昇進を重ねてきた。無骨さは目立ったが、実直な人柄だ。出会ったときの彼は四〇歳で、私は五〇歳だった。彼はそれなりに昇進していたが頭打ちの状態だった。

洞察力にすぐれた好人物というのが第一印象だった。私は気に入った。

われわれはマイクを雇い、ニュージャージーで店頭マーケティングをやらせてみた。マイクは非常に熱心に取り組んだ。しかも彼は、私の知るMBA出身者の大半よりも頭の回転が速かった。そこで彼をしばらく観察して、もっと大きな職責を任せられるかどうかを見きわめることにした。

マイクを知るにつれて、ほとばしるアイディアにますます感銘を受けた。彼は店舗でのささやかな写真撮影の企画を進めていたが、ブランドの魅力を表現するアイディアをたくさん持っていた。

出会ってから数カ月後、飛躍のチャンスを与えることにした。マイアミで行う次の撮影に彼を同行させ、全米規模の広告キャンペーンでどれほどの力を発揮できるのかを確かめることにしたのだ。

そのころの私はＰＶＨのブランド価値を高めることに取り組んでいた。それには独創的で芸術性の高い広告が有効だと考え、大規模な撮影に臨むところだった。

これはマイクにとっては雲の上のプロジェクトだった。マイアミでの撮影は、ニュージャージーでの店内撮影やカタログ撮影とは、規模も投入資金もけたちがいだ。

彼にはアートディレクターである私のアシスタントとして撮影に加わり、準備段階から手伝ってくれと持ちかけた。彼はチャンスに飛びついた。

広告写真の撮影は非常に骨の折れる作業だ。服を決め、モデルに合わせて調整し、撮影現場の舞台セットをつくる。コーディネートをひととおり試し、靴から水着まで、あらゆる小道具を集めてくる。準備には何週間もかかる。

マイクは一連の作業をみごとにこなし、期待以上の働きを見せた。

撮影に入ると、マイクの発想力や仕事ぶりのダントツさが際立った。私には思いつきもしないアイディアを次々と提案するので、このうえない補佐役になってくれた。

私は奇抜な場所で男性のシャツを見せるというコンセプトを立てており、シャツとネクタイを身につけた男性が海からあがってくるような場面を思い描いていた。だがそれはやめて、マイクのアイディアを採用した。色あざやかなサーフボードを四つ並べ、モデルにはあえて水着を着せ、シャツとネクタイを合わせたものをサーフボードの前にディスプレイした。

それまで誰も見たことのないような写真が仕上がった。

この撮影をきっかけに、われわれのあいだに信頼関係が生まれた。そして、その後も幾度となく一緒に撮影を行うことになった。

それから五年のあいだ、マイクと私はＰＶＨとアイゾッドのために撮影を繰り返し、実際の広告費をしのぐ高級感を演出し続けた。

われわれはともにゴルフや食事をして交流を深め、長い時間をかけてＰＶＨとアイゾッドのブランド構想を練った。

このあいだ、マイクはもっと大きな役職に就いてニューヨークの本社で働く器であることを証明した。

実のところ、私がＰＶＨを去るときに自分の功績として誇りに思ったのは、マイク・ケリーが経営チームの一員に名を連ねていたことだ。狭苦しい部屋で働いていた彼が、本社の要職にまで上りつめたのだ。

彼が成功したのは必要な要素がすべて揃ったからだ。成功するには多少なりとも運が必要だが、彼にはその運があった。運を生かすにはしかるべき場所に身を置くことも欠かせないが、彼はその点も満たしていた。才能も不可欠だが、彼にはとてつもない才能があった。

もちろん、仕事をやり遂げる実力を証明しなければならないが、彼は大きなプロジェクトを進めるなかで何度も実力を証明した。

彼は経営チームの一員に選ばれるために社長の前ですべきことをしたのだ。さもなければ彼はそのままニュージャージーの支社のひとつの課で働き続けていただろう。

マイクは私に初めて会ったとき、入社のための形式的な顔合わせだと思ったそうだ。

私との出会いによって、重役室への道が開けるとは夢にも思っていなかった。私のほうもそんなことは夢にも思っていなかったのだから無理もない。

マイクは今でもＰＶＨのマーケティングを率いる中心人物のひとりとして活躍している。

アドバイス

最後にこのエピソードを通して伝えたいのは、きみもいつ、どこで自分を導いてくれる相手に出会うかわからないということだ。だから、いざというときに実力を評価されるよう、つね日ごろからベストを尽くすこと。

人生において成功できるかどうかは、運も大きい（ただし幸運をつかめるような場所に身を置くことが不可欠だ）。また、自分がどんな人間で、なにができるかを理解することも大切だ。

もうわかっていると思うが、運だけで成功できるほどビジネスは甘くない。誰しもしかるべき場所に身を落ち着けるものだ。

私は自然淘汰が作用すると信じている。与えられた仕事をやり遂げなければ、その人はそこでは淘汰される。

才能を磨き続けろ。圧倒的な成功を手に入れたいならば。

［終章］成功をつかみたい、ほかならぬきみへ

日本には、激しい戦《いくさ》のさなかに主君の命を救った三人の侍の物語があるという。どの侍も自分の視点から同じことを語った。「自分こそが主君を救った」と。ほかの侍の名が触れられることはなかった。

昔、エジプトを旅したときのことだ。ナイル川を船で下り、アラビア馬に乗ってピラミッドやスフィンクスを観光し、楽しいひとときをすごした。そこで聞いたある話が、今になってますます頭から離れなくなっている。

こんな話だ。

古代遺跡の観光ツアーが終わったとき、観光客のひとりがガイドに鋭い質問をした。

「エジプトには三〇〇〇年の歴史があるのに、現存する神殿や石像にはみな同じファラ

オの名前が刻まれているようです。どうしてですか？」

ガイドはにやりとして答えた。

「それが人間というものです。歴代のファラオは先のファラオの名前を消し、自分の名前を刻んだのですよ」


この本の執筆を終えようとしている今、私が残した功績やファッション業界での出来事に、私の名前はほとんど残っていない。侍やファラオの功績が後世に書き換えられたように、経営者も舞台から降りれば忘れられ、その功績は自分のものではなくなる。それが人間の性《さが》だ。そういうものだし、それでいい。

しかし、本書で語ったストーリーや教訓はすべて真実であり、たしかに私のものである。


「自分の才能を磨き続けた人間だけが限界を突破し、頂点《トップ》に立つことができる」

「ビジネスに〝単なる偶然〟はない」

これが私の持論だ。**自分を知り、自ら求め、行動しなければ、誰もがうらやむ圧倒的な成功は決して得られない。**

本書を読み終えたきみが、自分の限界を超えて圧倒的成功をつかむことを心から願っている。

マーク・ウェバー

マーク・ウェバー
MARK WEBER

ニューヨーク市ブルックリンの貧しい家庭に生まれる。紳士服メーカー、フィリップス・ヴァン・ヒューゼン（現PVH）のアシスタント・デザイナーとしてキャリアをスタート。同社のCEOまで上りつめるも、取締役会と対立し、2006年に解任。数カ月後、モエ・ヘネシー・ルイ・ヴィトン（LVMH）米国法人CEO、およびLVMHグループ傘下のダナ・キャラン・インターナショナル会長兼CEOに電撃抜擢。8年にわたり同職を務め、とりわけ新興国におけるダナ・キャランおよびDKNYの普及に辣腕をふるう。2011年、AAFA主催アメリカン・イメージ・アワードでマン・オブ・ザ・イヤーに選出。2015年、Mark Weber Advisory Group LLCを設立。

須川綾子（すがわ・あやこ）

翻訳家。東京外国語大学外国語学部英米語学科卒。訳書にブルックス『人と企業はどこで間違えるのか?』、ゾッリ他『レジリエンス 復活力』（以上ダイヤモンド社）、パッカー『綻びゆくアメリカ』（NHK出版）など多数。

ルイ・ヴィトン元CEOが教える 出世の極意

2015年8月8日　第1刷発行

著　者　マーク・ウェバー
訳　者　須川綾子

発行者　土井尚道

発行所　株式会社飛鳥新社
〒101-0003 東京都千代田区一ツ橋 2-4-3 光文恒産ビル
電話　03-3263-7770（営業）03-3263-7773（編集）
http://www.asukashinsha.co.jp

ブックデザイン　遠藤陽一（株式会社デザインワークショップジン）

印刷・製本　中央精版印刷株式会社

ISBN 978-4-86410-424-1

編集担当　富川直泰